Thomas Klein

TAISHIN RYU KOBUJITSU

Kriegskunst des feudalen Japans

Herstellung und Verlag: BoD GmbH, Norderstedt

Bibliografische Information der Deutschen Nationalbibliothek:
Die Deutsche Nationalbibliothek verzeichnet diese Publikation in der Deutschen Nationalbibliografie; detaillierte bibliografische Daten sind im Internet über http://dnb.d-nb.de abrufbar.

© 2014 – Thomas Klein / Guido Sieverling - 2.Auflage
Herstellung und Verlag: BoD - Books on Demand, Norderstedt

Das Werk einschließlich aller Inhalte ist urheberrechtlich geschützt. Alle Rechte vorbehalten. Nachdruck oder Reproduktion (auch auszugsweise) in irgendeiner Form (Druck, Fotokopie oder anderes Verfahren) sowie die Einspeicherung, Verarbeitung, Vervielfältigung und Verbreitung mit Hilfe elektronischer Systeme jeglicher Art, gesamt oder auszugsweise, ist ohne ausdrückliche schriftliche Genehmigung des Verlages untersagt. Alle Übersetzungsrechte vorbehalten.
Die Benutzung dieses Buches und die Umsetzung der darin enthaltenen Informationen erfolgt ausdrücklich auf eigenes Risiko. Der Verlag und auch der Autor können für etwaige Unfälle und Schäden jeder Art, die sich beim Besuch von in diesem Buch aufgeführten Orten ergeben (z.B. aufgrund fehlender Sicherheitshinweise), aus keinem Rechtsgrund eine Haftung übernehmen. Rechts- und Schadenersatzansprüche sind ausgeschlossen. Das Werk inklusive aller Inhalte wurde unter größter Sorgfalt erarbeitet. Dennoch können Druckfehler und Falschinformationen nicht vollständig ausgeschlossen werden. Der Verlag und auch der Autor übernehmen keine Haftung für die Aktualität, Richtigkeit und Vollständigkeit der Inhalte des Buches, ebenso nicht für Druckfehler. Es kann keine juristische Verantwortung sowie Haftung in irgendeiner Form für fehlerhafte Angaben und daraus entstandenen Folgen vom Verlag bzw. Autor übernommen werden. Für die Inhalte von den in diesem Buch abgedruckten Internetseiten sind ausschließlich die Betreiber der jeweiligen Internetseiten verantwortlich.

ISBN-13: 9783743153035

Inhaltsverzeichnis

	Vorwort	Thomas Klein	Seite	10
	Vorwort	Guido Sieverling	Seite	12
1	Kapitel 1	Grundsätzliches	Seite	13
	1.1	Die traditionellen Waffenkünste des KOBUJITSU 古武術 im feudalen Japan	Seite	14
	1.2	Was ist TAISHIN RYU KOBUJITSU ~ 体心流古武術?	Seite	14
	1.3	Welche traditionellen Waffen beinhaltet das TAISHIN RYU KOBUJITSU ~ 体心流古武術?	Seite	16
	1.3.1	KENJITSU 剣術	Seite	17
	1.3.2	TANTOJITSU 短刀術	Seite	22
	1.3.3	HANBOJITSU 半棒術	Seite	23
	1.3.4	TANBOJITSU 短棒術	Seite	24
	1.3.5	TONFAJITSU トンファー術	Seite	25
	1.3.6	YAWARABOJITSU 柔棒術	Seite	27
	1.3.7	HOJOJITSU 捕縄術	Seite	27
	1.4	Grundschule – KIHON-WAZA 基本	Seite	30
	1.5	Etikette – REISHIKI 礼式	Seite	31
	1.6	Dojo-Regeln – DOJOKUN 道場訓	Seite	31
	1.7	Meditation/Konzentration und Gruß/Verbeugung – MOKUSO 黙想 und REI 礼	Seite	33
2	Kapitel 2	Basis-Techniken - Taihen Waza 体変技	Seite	35
	2.1	Fallschule – UKEMI 受身	Seite	36
	2.2	Verteidigungsstellung & Waffenhaltung – JIGOTAI DACHI 四股立 und BUKI KAMAE 武器構え	Seite	37
	2.3	Grundübungen - SUBURI KEIKO 素振り稽古	Seite	40
	2.4	Waffenzieh- und Wegstecktechniken – IAI WAZA 居合技	Seite	42
	2.5	Bewegungsschule – SABAKI 捌き	Seite	45

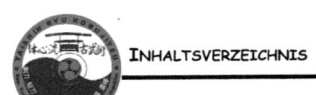 INHALTSVERZEICHNIS   TAISHIN RYU KOBUJITSU 体心流古武術

3	Kapitel 3	**Angriffstechniken - Seme Waza 攻め技**	Seite	49
	3.1	Arten des bewaffneten und unbewaffneten Angriffs	Seite	50
	3.2	BUKINOBU SEME WAZA 武器之部攻め技 – bewaffnete Angriffstechniken	Seite	50
	3.3	TOSHUNOBU SEME WAZA 徒手之部攻め技 – unbewaffnete Angriffstechniken	Seite	53
4	Kapitel 4	**Abwehrtechniken - Uke Waza 受け技**	Seite	57
	4.1	Arten der bewaffneten und unbewaffneten Abwehr	Seite	58
	4.2	BUKINOBU UKE WAZA 武器之部受け技 – bewaffnete Abwehrtechniken	Seite	58
	4.3	TOSHUNOBU UKE WAZA 徒手之部受け技 – unbewaffnete Abwehrtechniken	Seite	63
5	Kapitel 5	**Wurftechniken - Nage Waza 投げ技**	Seite	71
	5.1	Arten der bewaffneten und unbewaffneten Würfe	Seite	72
	5.2	BUKINOBU NAGE WAZA 武器之部投げ技 – bewaffnete Wurftechniken	Seite	72
	5.3	TOSHUNOBU NAGE WAZA 徒手之部投げ技 – unbewaffnete Wurftechniken	Seite	73
6	Kapitel 6	**Hebeltechniken - Kansetsu Waza 関節技**	Seite	81
	6.1	Arten der bewaffneten und unbewaffneten Hebel	Seite	82
	6.2	BUKINOBU KANSETSU WAZA 武器之部関節技 – bewaffnete Hebeltechniken	Seite	82
	6.3	TOSHUNOBU KANSETSU WAZA 徒手之部関節技 – unbewaffnete Hebeltechniken	Seite	84
7	Kapitel 7	**Würgetechniken - Jime Waza 絞め技**	Seite	91
	7.1	Arten des bewaffneten und unbewaffneten Würgens	Seite	92
	7.2	BUKINOBU JIME WAZA 武器之部絞め技 – bewaffnete Würgetechniken	Seite	92
	7.3	TOSHUNOBU JIME WAZA 徒手之部絞め技 – unbewaffnete Würgetechniken	Seite	93
8	Kapitel 8	**Bodentechniken - Ne Waza 寝技**	Seite	101
	8.1	Arten des bewaffneten und unbewaffneten Bodenkampfes	Seite	102

INHALTSVERZEICHNIS

	8.2	BUKINOBU NE WAZA 武器之部寝技 – bewaffnete Bodentechniken	Seite	102
	8.3	TOSHUNOBU NE WAZA 徒手之部寝技 – unbewaffnete Bodentechniken	Seite	104
9	Kapitel 9	Harmonisch-energetische Techniken - Aiki Waza 合気技	Seite	111
	9.1	Arten der bewaffneten und unbewaffneten harmonischen Energie	Seite	112
	9.2	BUKINOBU AIKI WAZA 武器之部合気技 – bewaffnete harmonische Energietechniken	Seite	112
	9.3	TOSHUNOBU AIKI WAZA 徒手之部合気技 – unbewaffnete harmonische Energietechniken	Seite	114
10	Kapitel 10	Halte- & Kontrolltechniken - Gatame Waza 固め技	Seite	121
	10.1	Arten der bewaffneten und unbewaffneten Kontrolle und Festlegung	Seite	122
	10.2	BUKINOBU GATAME WAZA 武器之部固め技 – bewaffnete Halte- und Kontrolltechniken	Seite	122
	10.3	TOSHUNOBU GATAME WAZA 徒手之部固め技 – unbewaffnete Halte- und Kontrolltechniken	Seite	124
11	Kapitel 11	Halte- & Grifflösetechniken – Gatame Uke Waza 固め受け技	Seite	131
	11.1	Arten des bewaffneten und unbewaffneten Grifflösens	Seite	132
	11.2	BUKINOBU GATAME UKE WAZA 武器之部固め受け技 – bewaffnete Halte-/ Grifflösetechniken	Seite	132
	11.3	TOSHUNOBU GATAME UKE WAZA 徒手之部固め受け技 – unbewaffnete Halte-/ Grifflösetechniken	Seite	134
12	Kapitel 12	Selbstverteidigung - Goshin 護身	Seite	141
	12.1	Arten der bewaffneten und unbewaffneten Selbstverteidigung	Seite	142
	12.2	BUKINOBU GOSHIN 武器之部護身 – bewaffnete Selbstverteidigung	Seite	142
	12.3	TOSHUNOBU GOSHIN 徒手之部護身 – unbewaffnete Selbstverteidigung	Seite	143
13	Kapitel 13	Form – Kata 形	Seite	145
	13.1	Was sind Waffen-KATA'S 形 und wofür sind sie gut?	Seite	146

	13.2	Grundschul-Waffenformen - KIHON KATA 気合形	Seite	146
	13.2.1	KIHON KATA TANTOJITSU 気合形短刀術	Seite	148
	13.2.2	KIHON KATA TONFAJITSU 気合形 トンファー術	Seite	150
	13.2.3	KIHON KATA YAWARABOJITSU 気合形 柔棒術	Seite	152
	13.3	Schülerprogramm-/Meisterprogramm-Waffenformen – KYU-/DAN-KOBU-KATA 級 / 段古武形	Seite	154
	13.3.1	KYU KOBU KATA KENJITSU ICHI 級古武形剣術一	Seite	154
	13.3.2	KYU KOBU KATA HANBOJITSU SHI 級古武形半棒術四	Seite	156
	13.3.3	KYU KOBU KATA TANBOJITSU SHI 級古武形短棒術四 (NI - TANBOJITSU 二短棒術)	Seite	158
14	Kapitel 14	Freikampf – Kumite 組手	**Seite**	**161**
	14.1	Was ist KUMITE 組手 und wofür ist es gut?	Seite	162
	14.2	Grundschulwaffenfreikampf - KIHON KUMITE 気合組手	Seite	162
	14.3	Festgelegter Waffenzweikampf – KUMI 組 …TACHI 太刀 …TANTO 短刀 …YAWARABO 柔棒 …HANBO 半棒 …TANBO 短棒 …TONFA トンファー …HOJO 捕縄	Seite	163
		∞ 1st KUMI 組 …	Seite	165
		∞ 2nd KUMI 組 …	Seite	166
		∞ 3rd KUMI 組 …	Seite	168
		∞ 4st KUMI 組 …	Seite	169
		∞ 5st KUMI 組 …	Seite	170
		∞ 6st KUMI 組 …	Seite	172
		∞ KI MUSUBI NO 気結びの …	Seite	173
	14.4	Freier Waffenkampf - JIYU KUMITE 自由組手	Seite	175
15	Kapitel 15	Theorie	**Seite**	**177**
	15.1	ATEMI-TE 当身手/ KYUSHO 急所 – Druck-/Schlag-/Stoß-/Nervenpunkte	Seite	178
	15.2	Notwehr-/Waffenrecht-Recht	Seite	179
		∞ Waffenrecht „KATANA/ BOKKEN"	Seite	183

		∞	Waffenrecht „TANTO"	Seite	184
		∞	Waffenrecht „YAWARABO / HOJO"	Seite	185
		∞	Waffenrecht „HANBO / TANBO"	Seite	185
		∞	Waffenrecht „TONFA"	Seite	186
	15.3		Historie und Hintergründe	Seite	187

Informationen zum Autoren HANSHI Thomas „Tom" Klein — **Seite 190**

Bild- und Grafikverzeichnis — **Seite 192**

Vorwort
Thomas Klein

Der Mythos der SAMURAI verbunden mit dem Kodex des „BUSHIDO", dem *„Weg des Kriegers"*, lässt in der hiesigen westlichen Hemisphäre oft viele Illusionen entstehen, u.a. die des unbesiegbaren japanischen Schwertkämpfers mit übernatürlichen Fähigkeiten. Teilweise besteht auch der respektvolle Wunsch, solche Fähigkeiten sich ebenfalls anzueignen und diese „Künste" beherrschen zu können. Gespeist wird dieser Wunsch zum einen durch die allgemein vorfindbare Faszination am „Osten" und deren Philosophie. Zum anderen auch von Produktionen und damit verbundenen Beeinflussungen einer auf „*Action*" und Unterhaltung ausgerichteten Filmindustrie. Diesen Illusionisten sei aber gesagt, der *„Weg des Kriegers"* ist lang und mühsam, jedoch auch interessant und letztendlich doch ergebnisreich. Dies hinsichtlich der erkennbaren psychischen und physischen Fortschritte im (Lebens-) Training. Man muss sich nur auf den Weg begeben und etwas Geduld und auch Interesse mitbringen.

Die nachfolgenden Ausführungen und Darstellungen sollen helfen und unterstützen, den Interessierten den „Weg" zu ebnen und insgesamt das „TAISHIN RYU KOBUJITSU" dabei vorstellen.

Im „TAISHIN RYU KOBUJITSU" lebt „BUSHIDO", der traditionelle Ehrenkodex der SAMURAI weiter, auch wenn die Bedeutung heutzutage offensichtlich etwas nachgelassen hat. Die Prinzipien und die Philosophie des BUSHIDO sind jedoch weitreichender als aus dem vergangenen zeitlichen Kontext Japans überliefert worden ist. Geprägt wurde diese Philosophie wiederum vom ZEN-Buddhismus. Es hat heute durchaus noch seine Bedeutung in den traditionellen japanischen Kampfkünsten. Im Training ist der Gegner daher nicht als feindlich anzusehen, sondern vielmehr als Partner, der es einem ermöglicht, seine Fortschritte zu prüfen und den „Weg" erfolgreich zu beschreiten. Die traditionellen Werte des BUSHIDO umfassen auch noch heute gültige bzw. wünschenswerte Tugenden wie Treue, Loyalität, Ehrgefühl, Geduld, Aufrichtigkeit, Gerechtigkeit, Ausdauer, Fleiß, Einfachheit und Bescheidenheit.

Das vorliegende traditionelle Waffensystem des „TAISHIN RYU KOBUJITSU" ist *kein* klassisches KOBUDO - / KOBUJITSU - (Okinawa-Waffen) und auch kein klassisches BUJITSU- (SAMURAI-Waffen) System. Es beinhaltet Waffengattungen aus beidem und soll auf die heutige moderne Welt anwendbar sein. Zielgruppe sollen dabei Menschen sein, die zum einen die „alte Kriegskunst" aus Spaß am Üben mit traditionellen Waffen erlernen und/ oder zum anderen sich damit auch verteidigen können wollen. Zielgruppe sollen aber auch Menschen sein, die sich beispielsweise aus beruflichen Gründen mit dem Waffentraining auseinandersetzen wollen und müssen (z.B. Polizei, Sicherheitskräfte und –dienste, usw.). Die Zeiten haben sich eben geändert und das Schlachtfeld von heute ist halt die „Straße". Die Kampfkunst muss sich dem anpassen. Dem soll durch die nachfolgenden Ausführungen und Darstellungen Rechnung getragen werden.

VORWORT

Die Inhalte und das Prüfungsprogramm des „TAISHIN RYU KOBUJITSU" sollen Lernende vom Einfachen zum Schweren führen. Es baut chronologisch auf und entwickelt sich technisch schrittweise weiter. Zunächst wird sehr viel Wert auf die Grundschule gelegt. Später fließt die Grundschule in komplexe Bewegungsabläufe mit dem Ziel ein, diese in freie Waffen- und Körpertechniken umzusetzen. Auch hier heißt es: „Der Weg ist das Ziel!". Durch jahrelanges Training mit dieser Kampfkunst werden sich mit der Zeit wahre Meister im Umgang mit diesen Waffen entwickeln. Daher viel Spaß beim Training und viel Erfolg bei der nächsten Prüfung.

Den Grundstein legt der Übende selber.

"In all deinen Schlachten zu kämpfen und zu siegen ist nicht die größte Leistung. Die größte Leistung besteht darin, den Widerstand des Feindes ohne einen Kampf zu brechen."

(SUN-TSU, „Die Kunst des Krieges")

HANSHI Thomas „Tom" Klein

Vorwort
Guido Sieverling

Kann man ein Buch schreiben, wenn man seinen Buchpartner noch nie gesehen hat? Bei der Zusammenarbeit mit Thomas Klein, den ich zufällig im Internet kennenlernte, klappte dies sogar mehr als gut. Es gab nicht nur intensive Telefonate, sondern auch unzählige emails. Tom, es hat super mit Dir funktioniert!
Tom schickte mir alle benötigten Unterlagen/Bilder zu und ich entwarf daraus das nun vorliegende Werk.
Ich selber wurde im Jahr 1968 geboren. Seit dem Jahr 1984 habe ich acht verschiedene Kampfstile trainiert, wie beispielsweise NINJUTSU, SHAOLIN KUNG FU und WING CHUN KUNG FU. Diese Vielfältigkeit an Erlerntem sehe ich persönlich als das an, was es tatsächlich ist: Erweiterung und Bereicherung von Wissen, Erfahrung, Lebenseinstellung und Bewusstsein.
Durch die umfassenden Kenntnisse und die daraus resultierenden Kontakte veröffentlichte ich im Bereich der Kampfkunst, des Kampfsports und der Selbstverteidigung bisher 20 Bücher. Hiervon entstand der größte Teil in Zusammenarbeit mit den jeweiligen Meistern.
Jeder Mensch ist ein Individuum und besitzt andere geistige und körperliche Voraussetzungen. Diese sollten auch genutzt und nicht vergeudet werden. Möge dieses Buch all denen helfen, die sich ihre eigenen Gedanken machen und nicht nur nacheifern, was ihnen vorgemacht wird…

Guido Sieverling
Kampfkünstler und Autor

Kapitel 1:

Grundsätzliches

1.1 Die traditionellen Waffenkünste des KOBUJITSU im feudalen Japan

„KOBUJUTSU" (古武術) bedeutet übersetzt so viel wie „Alte Kriegskunst" und galt als eine Kriegskunst im feudalen Japan, bei welcher der Kampf mit und ohne traditionelle Waffen, wie dem Schwert (KATANA), Messer (TANTO), Stock (BO) und auch anderen alltäglichen Arbeitsgeräten gelehrt wurde. Die Bezeichnung wird als Sammelbegriff für den Umgang mit allen traditionellen japanischen Waffen gebraucht und bezieht sich sowohl auf die Künste des KOBUDO (OKINAWA-Waffen) als auch auf die Waffen der SAMURAI (BUJITSU) und auch der NINJA (NINJUTSU). Es bezeichnet auch die Kampfkunst mit den in Japan entwickelten volkstümlichen Waffensystemen i.d.R. der rangniederen Bevölke-rung aus Japan und Okinawa und begründet eine ungenaue Abgrenzung zu den Waffentechniken der professionellen Krieger (SAMURAI bzw. BUSHI). Diese wurden dann auch oft als „kleine Kriegskunst" (小武術) bzw. „einfaches Waffenhandwerk" der „niederen" angesehen. Ausübende, Waffenhersteller und -entwickler waren sowohl Angehörige der professionellen „Kriegerkaste", als auch Landbauern (KOBUDO), (Krieger-) Mönche (SHOHEI) und „Geheimbund-Angehörige" (NINJUTSU).
Die Kampfsysteme Japans unterschieden Waffensysteme im Sinne der „bewaffneten Hand" (BUKI-HÔ: KOBUJUTSU) und Kampfsysteme der „leeren Hand" (KARA-HÔ: TAIJUTSU). Die Entstehung des „KOBUJUTSU" wird einerseits der japanischen Landbevölkerung zugeordnet, aber auch der Aristokratie und den Staatsdienern. So wurden beispielsweise viele Kata's von Staatsdienern oder Angehörigen des Adelsstandes entwickelt. Obwohl die Waffenbezeichnungen (BUKI) oft miteinander kollidierten, unterschieden sie sich doch in Methode, Ursprung, Anwendung und Ausübung. Lediglich auf Okinawa war das KOBUJUTSU ein Waffensystem des Volkes, das die Handhabung verschiedener Arbeitsgeräte, die zu unkonventionellen Waffen umfunktioniert wurden, bezeichnete.

1.2 Was ist TAISHIN RYU KOBUJITSU 体心流古武術?

Das „TAISHIN RYU KOBUJUTSU" ist eine Symbiose aus altem und neuem bzw. traditionellem und modernem. Aus dem alten und traditionellem stammen die Begriffe, Techniken, Werte, Philosophie, Etikette und Umgangsformen. Das neue und moderne umfasst den Pragmatismus und die Anwendbarkeit auf die heutige Zeit sowie die Zielorientiertheit im Nutzen.
Die Zeiten haben sich geändert. Das Schlachtfeld von früher, wo diese regulären Waffen zum Kriegs- und Kampfgewinn eingesetzt wurden, ist heute die Straße, wo man auch „nur" überleben will. Das Führen solcher Waffen wäre in der heutigen Zeit auch nicht erlaubt, da sie meistens unter das Waffenrecht fallen würden. Eine Verbindung herzustellen, zwischen erlaubten, mitgeführten Gegenständen und dem Können, mit solchen Gegenständen umgehen zu können, macht in der heutigen Zeit jedoch schon Sinn. Dies zieht auch den Umstand mit ein, dass ein KOBUJITSUKA in der Lage sein muss, sich gegen alle Arten von

 GRUNDSÄTZLICHES   TAISHIN RYU KOBUJITSU 体心流古武術

Angriffen wehren und auf jede Bewaffnung des Gegners angemessen reagieren zu können, wenn dieser mal seine Waffe verlieren sollte. Dies erfordert zudem eine hohe Flexibilität, Konzentrations- und Anpassungsfähigkeit, ferner auch einen starken Kampfgeist und technisches Können. Zur Wahrung der Flexibilität und Anpassung an die Moderne werden auch Körpertechniken ohne Waffen eingesetzt. Beispielsweise werden neben Faust-, Hand- und Armtechniken auch ein großes Spektrum an Fuß- und Beintechniken sowohl zur Abwehr als auch zum Angriff trainiert, um die Waffentechniken damit universal und flexibel zu unterstützen. Um einen Gegner zu Boden zu bringen und dann zu kontrollieren, sind darüber hinaus entsprechende Techniken einschließlich Würfe, Hebel, Würger und Bodentechniken beinhaltet. Großer Wert wird auch auf eine gute Fallschule gelegt, um damit entsprechende Stürze in einem Kampf zu mildern.

Der Einsatz von Waffen wird im technischen Sinne als Verlängerung der Arme angesehen und kann jeder Zeit mit anderen Alltagsgegenständen (z.B. Schlüsselbund, Zeitschrift, Schirm) ausgetauscht und gegen einen potentiellen Angreifer eingesetzt werden. Darin steckt - auf die heutige Zeit übertragen – der moderne (jap.: GENDAI) „Selbstverteidigungsgedanke" (jap.: GOSHIN), indem wir uns mit Gegenständen des täglichen Lebens verteidigen können. Dies setzt einerseits voraus, dass wir KOBUJUTSU verinnerlichen und uns dann erst darauf beziehen können. Andererseits ist auch ein hohes Maß an Kompatibilität gefragt. Die verschiedenen Waffenarten dürfen zwar ihre „Eigenarten" haben, müssen aber in ihrer Ausübung technisch zueinander passen und sind jederzeit austauschbar, so dass für den Praktizierenden keine größere Umstellung erforderlich ist. Am besten auch bei den waffenlosen Techniken.

Dies alles, sowie die Auswahl bestimmter Waffen, wurden im „TAISHIN RYU KOBUJUTSU" berücksichtigt. Die Ursprünge dieses Stiles sind in den Kampf- und Waffenkünsten der japanischen Polizei und Wachleute zu finden. Meistens wurden erfahrene und gut ausgebildete SAMURAI (dt.: „der Dienende/Vasall") zur Wahrung der Sicherheit in den Polizeidienst eingesetzt. Die japanische Polizei (KEISATSU ~警察) unterschied sich in den jeweiligen Zeitepochen, dennoch wurden bei ihr Waffen entwickelt, die zum „KOBUJUTSU" in Japan zu zählen sind. Jeder militärische Clan hatte in den Provinzen seine eigene Polizei, deren Hauptaufgabe es war, Gesetz und Ordnung aufrecht zu erhalten. Diese amtlich autorisierten Ordnungs- und Sicherheitskräfte standen dann häufig vor der Aufgabe, gefährlichen und schwer bewaffneten Rechtsbrechern gegenüber zu stehen. Diese galt es dann beispielsweise zwecks einer Festnahme der Gerichtsbarkeit und einer angemessenen Verurteilung zuzuführen oder auch gleich zu eliminieren. Durch die Weiterentwicklung entsprechender Waffentechniken wurde deren Ausübung immer mehr praxisbezogen und es entstand mit der Zeit eine hohe und praxisnahe Kunst im flexiblen Waffenumgang.

„TAISHIN RYU" - die Körper-/ Geist-Schule - betont das Streben nach der Einheit zwischen Körper und Geist. Demnach wird neben dem Körper auch der Geist trainiert. In der Ausübung wird sich nicht nur auf den körperlichen Vorgang bzw. Fortschritt beschränkt. Vielmehr sollte die Entwicklung, das Vorankommen und der Fortschritt durch unseren Geist gesteuert werden: „SHIN KEN TAI NO ICHI" („GEIST-SCHWERT-KÖRPER SIND EINS"). Beide Ebenen werden immer zusammen trainiert. Es findet auf diesem Wege nicht nur eine Körper-, sondern gleichzeitig auch eine Geistschulung statt. Das „TAISHIN RYU

KOBUJUTSU" ist daher nicht nur ein reines Training, sondern es muss vielmehr als Lebensweg verstanden werden, der uns im Alltag Rückhalt und Stärke geben kann.

1.3 Welche traditionellen Waffen beinhaltet das TAISHIN RYU KOBUJITSU?

Das „TAISHIN RYU KOBUJUTSU" 体心流古武術 impliziert – wie bereits angeführt – verschiedenartige Waffengattungen verschiedener Zeitepochen, Herkunft, An- und Verwendung (BUJITSU / NINJUTSU / KOBUDO, u.a.). Aus der Vielzahl an verschiedenen, traditionellen KOBU-Waffen, es gab Hunderte, wurden bestimmte traditionelle Waffen ausgesucht. Auswahlkriterium für die sieben KOBU-Waffen des TAISHIN RYU KOBUJITSU waren zum einen der historische Ursprungs- und zum anderen der pragmatische Verwendungskontext in der Gegenwart. Näheres ergibt sich aus den nachfolgenden Ausführungen. Trainiert werden im TAISHIN RYU KOBUJUTSU folgende Waffenkünste:

- ∞ **KENJITSU:** 剣術
  Schwertkampf inkl. IAI- (Schwertziehen) & BOKKENJITSU (Holzschwertkampf)

- ∞ **TANTOJITSU:** 短刀術
  Dolch-/Messerkampf als Ergänzungswaffe der SAMURAI inkl. NITANTOJITSU (Zweimesserkampf)

- ∞ **HANBOJITSU:** 半棒術
  Halblangstockkampf (ca. 92 cm) inkl. Unterschiedlicher Handhaltungen (Ein- & Doppelhandhaltung)

- ∞ **TANBOJITSU:** 短棒術
  Kurzstockkampf (ca. 50 - 60 cm) inkl. NITANBOJITSU (Zweistockkampf)

- ∞ **TONFAJITSU:** トンファー術
  Mehrzweckeinsatzstockkampf (ca. 50 - 60 cm mit Griffstück) inkl. NITONFA (Zweistockkampf)

- ∞ **YAWARABOJITSU:** 柔棒術
  Kampf mit dem Nervenstock (ca. 10 - 15 cm) inkl. NIYAWARABOJITSU (Zweihandnervenstockkampf)

- ∞ **HOJOJITSU:** 捕縄術
  Seilkampf und Fesseltechniken inkl. unterschiedlicher Handhaltungen

Das „KATANA" (Langschwert) im KENJITSU beispielsweise steht symbolträchtig für die „alte" Zeit in Japan und deren Bewaffnung. Ein SAMURAI ohne sein Schwert ist heute sicherlich nicht vorstellbar. Die Schwertkunst steht daher auch an erster Stelle der verwendeten Waffen. Dies gilt auch für das TANTO (Dolch, Messer), als Schwert-Ergänzungswaffe. Die japanischen Polizei- und Ordnungskräfte – insbesondere als Samurai – verwendeten diese Waffen ebenfalls. Aber auch Holzstöcke (u.a. YAWARABO/TANBO/HANBO ~ Nerven-/Kurz-/halblanger Stock) in verschiedenen Größen, um ihren Auftrag und ihrer

GRUNDSÄTZLICHES   TAISHIN RYU KOBUJITSU 体心流古武術

Aufgabe nachgehen zu können. Diese waren zudem gut transportierbar und resultierten zum Teil aus dem Alltag bzw. wurden dort verwendet, wie beispielsweise der HANBO als Wanderstab.

Das HOJO hatte vielmehr einen pragmatischen und aufgabenbezogenen Zweck. Um ggf. Fesselungen von Gesetzesbrechern vornehmen zu können, wurde ein Seil verwendet, mit dem man auch angreifen (z.B. indem man die Enden mit Gewichten aus Holz oder Metall beschwerte) und sich verteidigen konnte. Dieses konnte verdeckt an oder in der Kleidung getragen werden und wird auch heute noch von polizeilichen Einsatzkräften in Japan verwendet.

Lediglich der TONFA hat eine andere Herkunft. Er ist eine klassische Waffe des KOBUDO aus OKINAWA. Aber auch er hat noch heute einen pragmatischen und taktischen Nutzen und wird von vielen polizeilichen und sonstigen Einheiten auf der ganzen Welt als Einsatzmittel mit unterschiedlichen Bezeichnungen (z.B. MES - Mehrzweckeinsatzstock oder EMS - Einsatzmehrzweckstock) im Sicherheitsbereich eingesetzt.

Der praktische Nutzen des Trainings der verwendeten Waffen im „TAISHIN RYU KOBUJUTSU" besteht daher – mit Ausnahme des KATANA, das, wie bereits angeführt, lediglich symbolträchtigen Charakter hat und als Synonym für die „alte" Zeit in Japan und deren Bewaffnung steht - in der Kompatibilität und Austauschbarkeit der Waffen. So kann der Stock mit einem Spazierstock, Regenschirm, Zeitschrift u.ä., das Seil mit einem Gürtel, Schal, Kleidungsteil u.ä. und der Nervenstock mit einem Stift, Schlüssel, Werkzeug u.ä. getauscht werden, um denselben Effekt wie bei dem Einsatz der Waffen zu erreichen. Einsatzstöcke - egal mit Griff oder ohne und egal wie lang -, Einsatzmesser und Einsatzfessel werden im Sicherheitsbereich eingesetzt. Dies beweist den praktischen und taktischen Nutzen dieser Waffen. Deshalb wurden sie hier ausgesucht, um durch das Training dieser Waffen den genannten Nutzen ggf. ziehen zu können.

1.3.1 KENJITSU 剣術

KENJITSU bedeutet so viel wie „Schwertkunst bzw. Schwertkriegskunst" und wird häufig als Oberbegriff für die traditionellen Schwertschulen bzw. –kampfsysteme des feudalen Japans verwendet, deren Ursprung auf das 14. - 16. Jahrhundert n. Chr. zurückzuführen sind. Es entstammt der alten japanischen Kriegskunst (BUJITSU), bei der insbesondere die Tötung des Gegners im Vordergrund stand. Das Schwert wurde vor allem gegen Schwachstellen des Körpers und der gegnerischen Rüstung (YOROI) geführt. Die Ursprünge reichen

GRUNDSÄTZLICHES   TAISHIN RYU KOBUJITSU 体心流古武術

bis ins erste Jahrtausend. Ab dem 14. Jahrhundert erfolgte eine Systematisierung durch verschiedene Schwertkampfschulen. Durch die Vielzahl an kriegerischen Auseinandersetzungen der damals in Japan herrschenden Familien-Klans, die sich untereinander oder auch mit von außen nach Japan einfallenden Gegnern bekriegten, wurde die Schwertkunst zur Blüte gebracht. Erst ab dem 17 Jahrhundert in der sog. TOKUGAWA-Epoche oder auch EDO-Ära (1603-1867) - mit Ende der kriegerischen Konflikte auf Japan - fand über die Zeit hinweg ein Wandel in der Schwertkunst statt, indem diese Kunst zum Teil versportlicht oder auf eine höhere und geistige Ebene gestellt (DO-Prinzip, z.B. KENDO, IAIDO) wurde.

Das „TAISHIN RYU KENJITSU" 体心流剣術 ist eine ursprüngliche Kriegsschwertkunst, die ihre Herkunft von einer älteren SAMURAI-Familie (mit Namen SUKIMOTO) aus dem ländlichen Bereich Japans hat. Sie trug ursprünglich daher auch die Bezeichnung der Schule SUKIMOTO-RYU und war in Deutschland eher selten vertreten. Dorthin kam dieser Stil durch einen japanischen Nachrichtenoffizier (vom SAMURAI-Klan SUKIMOTO), der im Zweiten Weltkrieg mit der deutschen Wehrmacht zusammenarbeitete und wegen der Kriegswirren - vor allem wegen der Auseinandersetzung mit Amerika - nicht nach Japan zurückkehren konnte und stattdessen in Düsseldorf u.a. eine Schwertkampfschule eröffnete. Im „TAISHIN RYU KENJITSU" 体心流剣術 werden neben der Handhabung der Waffe insbesondere die Grundbewegungen des Schwertkampfes in Form ineinander fließender Angriffs- und Abwehrtechniken geübt. Diese aber überwiegend mit Holzschwert, dem sog. BOKKEN. Das besondere Augenmerk dieser Schwertkunst liegt nicht auf Kraft und Ausdauer sondern vielmehr auf Präzision und Schnelligkeit. Eine gute Strategie, Taktik, Wachsamkeit, Spontaneität und der erste Schnitt als Aktion entscheiden oft über Leben und Tod. Dies alles muss aus der Situation heraus erschlossen und die Ausführung verselbstständigt werden. Es gibt keine festen Regeln und es muss immer der Situation angemessen gehandelt werden. KENSHI (剣士) ist die Bezeichnung der Ausübenden und Praktizierenden des KENJITSU. Ziel des Übens ist es, aus Gefühl, Schwert, und Körper eine einzige Einheit zu formen (SHIN KEN TAI NO ICHI = GEIST SCHWERT KÖRPER SIND EINS). Dies kann nur gelingen, wenn der Geist völlig frei ist und beispielsweise das eigent-liche Schwertziehen daher intuitiv vollzogen wird, ohne vorher darüber nachzudenken (kein Wille, kein Gedanke... MU bedeutet i.d.S. „nichts" und KU „Leere"; - Anm.: geistige Leere -), was einen immer wachen Geist erfordert, der sich bis zur völligen (geistigen) Reife weiterentwickeln kann. Dieser philosophische Ansatz zeigt die enge Verbindung der Schwertkunst zum ZEN-Buddhismus.

IAIJITSU 居合術

Da es sich beim KATANA um eine Schnittwaffe (ähnlich einem großen scharfen Messer) handelt, werden insbesondere schneidende Bewegungen vollzogen sowie das schnelle offensive Ziehen der Waffe geübt.

 **GRUNDSÄTZLICHES** TAISHIN RYU KOBUJITSU 体心流古武術

Dies impliziert das alte IAIJITSU („I" steht für körperliche und geistige Anwesendheit; „AI" für Übereinstimmung/Anpassung; „JITSU" für Kunst/Technik) und ist die japanische „Kunst/Technik des Schwertziehens". Die „Kunst/Technik des Schwertziehens" liegt darin, dass während des Ziehens das Schwert schon als (Schnitt-)Waffe eingesetzt wird. Schwertziehen und Schnitt sind eine Bewegung.

Anfänger benutzen ein Übungsschwert, um die Ziehtechniken (NUKITSUKE 抜き付け), ein- oder beidhändig sowie die Handhabung des Schwertzurückführens in die Scheide (NOTO 納刀) richtig zu erlernen. Fortgeschrittene können auch mit einem scharfen KATANA üben.

Es beinhaltet folgende Basistechniken:

① **HEIKO DACHI:** Ausgangsstellung.
   平行立ち

② **NUKITSUKE:** Schnelles Ziehen der Waffe aus Bewegung und Stand aus jeder
   抜き付け erdenklichen Situation.

③ **KIRITSUKE:** Schläge und Schnitte, die den Gegner kampfunfähig machen oder
   切り隙 töten.

④ **CHIBURI:** Abschlagen des Blutes von der Schwertklinge.
   血間

⑤ **NOTO:** Zurückführen des Schwertes in die Scheide.
   納刀

Das IAIJITSU des „TAISHIN RYU KOBUJITSU" ist nicht nur auf das Schwert bzw. KATANA bezogen, sondern auch auf die anderen dort unterrichteten Waffen, bei denen ebenfalls trainiert wird, die Waffe schnell ziehen zu können und einsatzbereit zu haben. Dazu aber noch später mehr.

GRUNDSÄTZLICHES   TAISHIN RYU KOBUJITSU 体心流古武術

BOKKENJITSU 木剣術

Ein BOKKEN (jap.: 木剣 - BOKU steht für Holz und KEN für Schwert) ist die Nachbildung eines japanischen KATANA als Holzschwert, das im KENJITSU verwendet wird und unterschiedlich lang und schwer sein kann. Dies richtet sich je nach dem, was das Trainingsziel ist (Kurz- oder Langschwerttraining; „leicht" u.a. zur Schnelligkeitsverbesserung, „schwer" u.a. zur Schnitt-/ Kraftverbesserung). Es ermöglicht ein realistisches Training ohne die Gefahr einer Verletzung in Form eines Schnittes oder Stiches. Traditionell verwendet man für das BOKKEN japanische Harthölzer (insbesondere Rot- und Weißeiche), da es im Training zu einer starken Belastung kommt. Grundsätzlich ist unbehandeltes Holz zum Training am besten geeignet. Es kann mit Ölen und/oder Wachs behandelt werden, um es halt- und handhabbarer zu machen. Dies gilt im Übrigen für alle Holzwaffen im „TAISHIN RYU KOBUJITSU".

BOKKEN
aus Weiß- & Roteiche

KATANA 刀

Das traditionelle japanische Langschwert (DAITŌ oder auch KATANA genannt – heutige allgemein übliche japanische Bezeichnung dafür) gilt und galt überwiegend als Hieb- und Stichwaffe, das sowohl einhändig (KATA-TE) als auch beidhändig (RYO-TE) eingesetzt wird und wurde. Die halbrunde Form des KATANA ähnelt der Klingenform eines Säbels. Demgemäß ist eine halbrunde, vertikal, horizontal oder diagonal zu sich ziehende Schneidbewegung erforderlich (ähnlich dem „Schneiden" mit einem Messer beispielsweise sich gut vorzustellen bei dem Aufschneiden von Obst), um zu einem gradlinigen Schwertschnitt zu verhelfen. Durch das Eigengewicht des Schwertes (ca. 1 KG) ist ein eigenständiger Schnitt möglich. Das KATANA erfordert es lediglich, mit relativ leichtem Kraftaufwand geführt zu werden. Ein größerer Kraftaufwand wird nur dann benötigt, wenn auf festere Widerstände (z.B. auf Knochen oder die

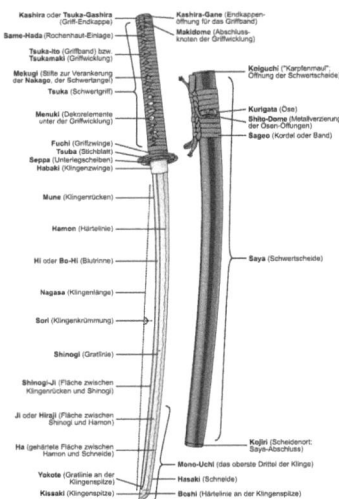

KATANA
Quelle: Wikipedia

GRUNDSÄTZLICHES

TAISHIN RYU KOBUJITSU 体心流古武術

Rüstung u.a.) gestoßen wird. Die Klinge eines KATANA besteht herkömmlich aus verschiedenen Stahlarten und -sorten (mindestens zwei - einer weicheren für den Kern und einer härteren für den Schneidebereich), die zu Anfang einzeln durch mehrmaliges Falzen und Verbinden bearbeitet und dann zusammen zu einer Schneide ausgearbeitet und geschmiedet werden. Erkennbar wird dies durch die spezielle Schmiede- bzw. Härtetechnik bewirkte Härtezone (genannt HAMON 刃文). Der zumeist kunstvoll mit Leder und/oder Seidenband umwickelte Griff (TSIKA 柄) ist i.d.R. mit Rochenhaut (SAMEGAWA 鮫皮) überzogen. Die Schwertscheide (SAYA 鞘) besteht aus lackiertem Holz.

SHURI-KENJITSU 手裏剣術

Im KENJITSU des „TAISHIN RYU KOBUJITSU" wird bei der Schwertkunst außerdem das „SHURI-KENJITSU" trainiert. Die Verwendung, das Mitführen und der Besitz sog. „Wurfsterne" (SHURI-KEN) fällt zumeist länderübergreifend unter das Waffenrecht und ist verboten. Diese SHURI-KEN sind versteckte Handwurfwaffen, die unauffällig und verdeckt im GI (Jackentasche), OBI (Gürtel) oder im HAKAMA (dt.: Hosenrock) mitgeführt wurden bzw. werden. Speziell BO-SHURI-KEN 棒手裏剣 (Bolzen mit ein- oder beidseitigen Spitzen) konnten bei den SAMURAI in der Rückenverstärkung des HAKAMA mitgeführt werden. Diese sind nicht verboten. In der Hand von Experten werden sie zu gefährlichen Waffen, da nur wenige Meter zum Wurf (im Bündel oder einzeln) und wirkungsvollem Treffen benötigt werden. Anvisierte Trefferbereiche sind insbesondere ungeschützte und empfindsame Körperbereiche, wie Gesicht, Hals, Brust. Arme und Beine, um durch den beabsichtigten und erzeugten Schmerz den Gegner abzulenken und dies zum eigenen Vorteil – wie Flucht oder Angriff - auszunutzen. Entweder kann mittels dieser Ablenkung selbst die Flucht ergriffen, der Andere zur Flucht gezwungen oder unter Ausnutzung dieses Vorteiles der Kampf eröffnet sowie mit an-/abschließender Schwerttechnik außerdem beendet werden.

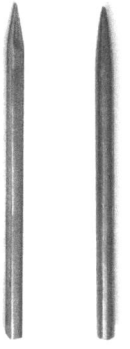

BO-SHURIKEN
Wurfbolzen

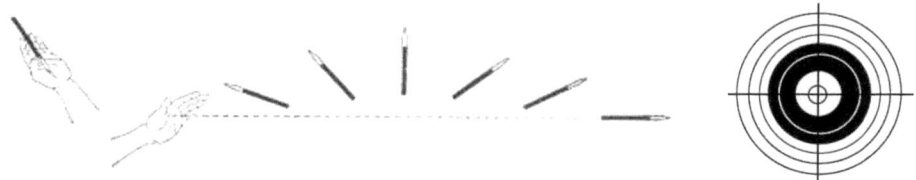

SHURI-KENJITSU: „Kunstfertigkeit im Umgang mit dem Wurfbolzen"

GRUNDSÄTZLICHES

TAISHIN RYU KOBUJITSU 体心流古武術

1.3.2 TANTOJITSU 短刀術

Das bzw. der japanische Kampfmesser bzw. -dolch TANTO (jap.: 短刀) ist leicht gebogen und einschneidig. Die Klingenlänge beträgt ca. 25-30 cm. In der Regel ist es mit einem Stichblatt (TSUBA) versehen. Es existieren auch Sonderformen ohne Stichblatt. Zur Waffenfertigung werden ähnliche Schmiedetechniken angewendet, wie beim KATANA.

Zum Üben und Training werden Hartholzmesser (aus japanischer Rot- und Weißeiche) eingesetzt, ähnlich dem BOKKEN. Der Gebrauch des TANTO als Waffe hatte im feudalen Japan zwei unterschiedliche Herkünfte und Ausgangspunkte. Es diente damit verschiedenen Zielgruppen. Bei der einen Zielgruppe half es als Ergänzungswaffe zum KATANA und wurde somit in fast allen RYU (Schulen und Stilen) als eigener Bestandteil und separate Kampfkunst gelehrt und trainiert. Aufgrund des Vorhandenseins der Vielzahl verschiedenartiger TANTO-Formen waren daraus resultierend auch die angewandten Techniken sehr unterschiedlich. Sie unterscheiden sich sehr in der Art, Form und dem Aussehen. Die groben Unterschiede dieser TANTO-Formen lassen sich beispielsweise so beschreiben:

Die groben Unterschiede dieser TANTO-Formen lassen sich beispielsweise so beschreiben:
- ∞ diejenigen mit großem Stichblatt bzw. TSUBA (klassisches TANTO),
- ∞ diejenigen mit schmaler TSUBA (HAMIDASHI),
- ∞ diejenigen mit langer Klinge (YOROI-DOOSHI),
- ∞ diejenigen ohne TSUBA (AIKUCHI) oder
- ∞ diejenigen als Kurzdolch (KWAIKEN).

Bei der zweiten Zielgruppe, bei der das TANTO eine Rolle spielte, handelte es sich um die Ehefrauen der SAMURAI.

verschiedene **TANTO**
Quelle: Wikipedia

 GRUNDSÄTZLICHES   TAISHIN RYU KOBUJITSU 体心流古武術

Ihnen war, u.a. mit Ausnahme des TANTO, grundsätzlich das Tragen von Waffen untersagt. Das TANTO wird üblicherweise an der linken Hüfte getragen und findet im Nahkampf Verwendung. Werden KATANA und TANTO gemeinsam getragen, befindet es sich – mit der Schneide nach oben durch den OBI gesteckt – rechts. Zum Schutz vor Korrosion wird es in einer Messerscheide SAYA) aufbewahrt.

1.3.3   HANBOJITSU 半棒術

Der Begriff HANBO entstand seiner Benennung nach aus einer Holzstockhälfte (nach einer Überlieferung durch das Zerschlagen eines BO mit einem Schwert; HAN = halb, BO = Stock) und gehört mit einer Länge von ca. 90 - 100 cm bei einer Stockbreite von ca. 2-3,5 cm (je nach Handgröße) zu den kurzen Schlag- und Stoßwaffen.

Hergestellt wird und wurde er ebenfalls aus dem Holz der japanischen Rot-/Weiß-Eiche, sowie auch aus Bambus oder Rattan. Bekannt auch als SANSCHAKUBO (SAN = drei, SCHAKU = ca. 30 cm) könnte er ebenso paarweise verwendet werden. Im „TAISHIN RYU KOBUJITSU" wird er dies aber nicht. Durch die geringe Länge kann der HANBO leicht verdeckt sowie diskret verborgen werden und ist eine effektive Waffe im Kampf. Dies durch schnelle Attacken mittels rotierender Schwünge und Handgelenksdrehungen (sog. „seitliche achter Schwünge"). Sowie durch Stiche, Schläge sowie mittels Hebel-, Würge- und Wurftechniken, wobei man bevorzugt Nerven- und Vitalpunkte angreift.

Die ein- als auch beidhändig ausgeführten HANBO-Techniken bevorzugen und betonen kreisförmige oder stoßende Bewegungen. Sie müssen sehr schnell erfolgen sowie zudem schnelle Schlagfolgen und -Richtungsänderungen beinhalten und auch ermöglichen. Auf umfangreiche Körperausweich- und Fußbewegungen ist dabei ein größerer Schwerpunkt zu legen, da die Abwehrbewegungen mehr auf Angriffableitungen bedacht sind, als auf Blocken. Gegenüber einer Langwaffe wie z. B. dem fast ca. 2 Meter langen BO ist er jedoch oft im Nachteil. Zum großen Waffenarsenal der SAMURAI bzw. BUSHI (jap.: Dienende bzw. Krieger) gehörten u.a. auch der HANBO, der insbesondere als Übungs- und Trainingswaffe diente, aber auch zur Verteidigung. Die Beherrschung dieses Holzstockes ermöglicht einen leichteren Einstieg in die scharfen Metallwaffen, wie dem Schwert und Messer bzw. Dolch. Der HANBO erfordert ein hohes Maß an Anpassungsfähigkeit an verschiedene Distanzen durch die individuelle Handhabung und -haltung des Ausführenden. Er kann einhändig (KATA-TE), beidhändig (RYO-TE) oder mit beiden Händen (MORO-TE) geführt werden. Schwertangriffe können durch dessen Länge auf Abstand gehalten werden. Darüber hinaus

verschafft er den eigenen Techniken einen Vorteil. Dies macht ihn für das Stock- und Schwerttraining wichtig.

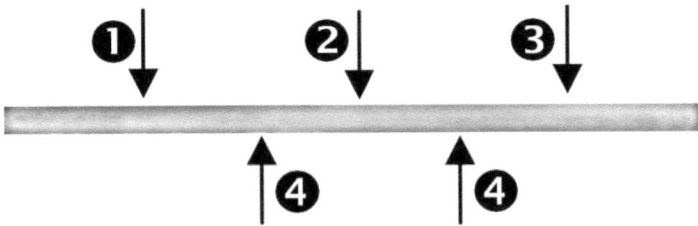

HANBŌ-Handhaltung: ❶+❸ = KONTEI bzw. SAKI (Stock-Ende), einhändig (KATA-TE) und beidhändig (RYO-TE); ❷ = CHUKON-BU bzw. MOTO (Stock-Mitte); ❹ = mittlere Position mit beiden Hände (MORO-TE).

In Japan gilt der HANBO als Waffe des KORYŪ (古流) und damit zur „klassischen, alten Kriegskunst bzw. -schule" des BUJITSU, das primär militärisch orientiert ist und ausschließlich den Überlebenskampf auf dem Schlachtfeld beinhaltet.
Er diente und dient auch in modernerer Zeit dem Einsatz von Polizei und Wachpersonal beispielsweise zum Selbstschutz, bei Zugriffen, Festnahmen und sonstigen Maßnahmen zum Personen- und Objektschutz. Für diese Aufgaben war und ist dieser Stock die praktischste Waffe ohne erhebliche Verletzungs- oder gar Tötungsfolgen.

1.3.4 TANBOJITSU 短棒術

Der TANBO ist ein Holz- bzw. Schlagstock, der ebenfalls aus dem Holz der japanischen Rot-/Weiß-Eiche sowie auch aus Bambus oder Rattan hergestellt wird und wurde. Er gehört mit einer Länge von ca. 50 - 60 cm bei einer Stockbreite von ca. 2-3,5 cm (je nach Handgröße) ebenfalls zu den kurzen Schlag- und Stoßwaffen und wurde überwiegend von japanischen Wachmännern und Bauern auf OKINAWA eingesetzt.

Da diesen Ständen das Tragen von „Blankwaffen" wie dem Schwert durch die herrschende Oberschicht untersagt war, wurde der TANBO als Ersatz dafür sowohl als Einzelstockwaffe mit einer Hand (KATA-TE), aber auch häufig mit beiden Händen (MORO-TE) als Doppelstockwaffe (NITANBO) verwendet. In der Waffenanwendung wurde ständig nach neuen Wegen und Varianten gesucht, um die TANBO-Techniken perfektionieren zu können. Parallelen sind dabei auch zu anderen Ländern, wie den philippinischen Stockkampftechniken (ARNIS, ESCRIMA, KALI), festzustellen. Es gab auch TANBO-Varianten, an deren Stockende eine Schnur befestigt war, um den Stock durch Festhalten des Schnurrendes „wirbeln" zu können. Andere Varianten sind in den japanischen und okinawanischen Polizeiknüppeln als Abkopplungen der Ursprungswaffe zu finden. Bei der japanischen Polizei wird auch heute noch TANBOJITSU, die Kunst im Umgang mit dem Kurzstock, unterrichtet. Dies wird aber als KEIJOJITSU bezeichnet. Diese Waffe dient als Verlängerung der Arme und wird bei steigendem Können als Teil des Körpers empfunden und ist damit sehr effektiv. Viele Kampfkunststile trainieren auch heute noch mit dem TANBO, da diese Waffe schnell und ohne Aufwand durch Alltagsgegenstände der heutigen Zeit (wie z.B. zusammengerollte Zeitschrift, kleiner Schirm usw.) als Hilfsmittel für eine effiziente Selbstverteidigung eingesetzt werden kann.

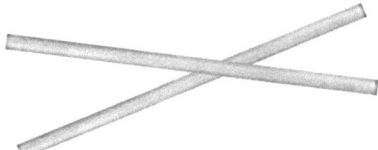

Doppelstockpaar: NITANBO

1.3.5 TONFAJITSU トンファー術

Der TONFA ist eine okinawanische Schlagstock-Waffe i.d.R. aus japanischem Roteiche-Holz mit einem Griffstück inkl. Knauf mit Rillen im oberen Waffenteil (ungefähr am Ende des ersten Viertels der Waffe in ca. 12,5 cm), der ein etwaiges Herausreißen oder Fallenlassen nach mehreren Handdrehungen verhindern soll. Die Gesamtlänge der Waffe beträgt ca. 50 cm, wobei das Griffstück inklusive Knauf ca. 15 cm lang ist. Anfänglich wurde der Griff aus Holz gefertigt. Heutzutage erfolgt die Herstellung der Griffe alternativ auch aus beanspruchbaren Kunststoff und Hartgummi sowie aus ähnlichen Materialien.

Historisch betrachtet wurde der TONFA als Arbeitsgerätschaft, ähnlich anderer KOBUDO-Waffen mit landwirtschaftlichem Hintergrund (wie dem EIKU, NUNCHAKU, SAI, KAMA, u.a.) entwickelt und verwendet. Der Griff kam in das Loch eines Mühlsteines, der mit dessen Hilfe gedreht werden konnte. Diese Art der „Kurbel" konnte jedoch auch als gut getarnte Waffe eingesetzt werden. Obwohl es mannigfache Ansätze und Erklärungsversuche zum Übergang dieser Waffe in die japanische Kampfkunst gibt, sind sich jedoch die meisten Quellen und Autoren dieser Thematik darüber einig, dass der Hauptgrund überwiegend in dem Verbot des Blankwaffen- bzw. Schwerttragens und auch – führens außerhalb der SAMURAI-Kaste liegt.

Aus Gründen der Gegenwehr und zur Verteidigung wurden vielgestaltige Arbeitsgerätschaften aus der Landwirtschaft für diesen Zweck umgewandelt und dann i.e.S. dazu entsprechend „zweckentfremdet". Neben der Landbevölkerung übten auch höhere und insbesondere adelige okinawanische Gesellschaftsschichten den Waffen-umgang mit diesen Geräten und Werkzeugen.

Beim Halten bzw. Führen des TONFA gibt es verschiedene Arten. Eine der geläufigsten ist die sog. „Fausthaltung", bei der die Waffe mit der Faust um den Griff gehalten bzw. geführt wird. Bei dieser Variante wird der Unterarm durch das Unterarmholz geschützt. Dadurch sind auch schnelle Handgelenkschwung- und -drehschläge möglich. Er eignet sich aber für Stöße mit dem jeweiligen Waffenende. Darüber hinaus sind mit dem TONFA auch Hebel-, Würge- und Wurftechniken möglich. Anfänglich wurde die Waffe paarweise verwendet. Damit sollte erreicht werden, dass Angriffe mit dem ersten TONFA abgewehrt und mit dem zweiten gekontert werden konnten. Weitere „Griffalternativen" ergeben sich aus der Form der Waffe. Er kann auch unterhalb des Griffs am kurzen Ende halten, wodurch so die Hand geschützt wird und die lange Seite wie ein Knüppel verwendet werden kann. Man kann ich auch am langen Ende halten und ihn dann wie einen Hammer bzw. wie eine Axt einsetzen.

Der TONFA ist vielseitig einsetzbar und wird sowohl in den Kampfkunst und -sportarten als auch im praxisorientierten Sicherheitsbereich (Polizei, Militärpolizei, internationaler Security, u.a.) verwendet. Dort wird er als Einsatzmittel eingesetzt und dient als Hilfsmittel der körperlichen Gewalt bei der Anwendung unmittelbaren Zwanges, um Widerstand brechen zu können, aber auch zur Verteidigung zum Blocken und Schlagen. In diversen Einsatzlagen stellt er sich zudem als universelles Einsatzmittel dar. Mit ihm kann man beispielsweise auch Türen öffnen oder Fenster einschlagen, um den Zutritt in eine Wohnung oder in ein Fahrzeug im Notfall zu ermöglichen. Aus diesen Gründen hat er auch im praxisorientierten Sicherheitsbereich verschiedene Bezeichnungen erhalten. Man kennt ihn als Mehrzweckeinsatzstock bzw. Einsatzmehrzweckstock (MES/EMS), aber auch als Rettungsmehrzweckstock (RMS). Bei dieser Zielgruppe steht der einfache, aber effektive Einsatz zur Einsatzbewältigung, Maßnahmendurchsetzung und Selbstverteidigung im Vordergrund. Diese neue Form der Verwendung des TONFA hat jedoch nichts mit der ursprünglichen und traditionellen Anwendung der Waffe zu tun. Wie bereits angeführt, fand zudem überwiegend auch eine paarweise Nutzung statt.

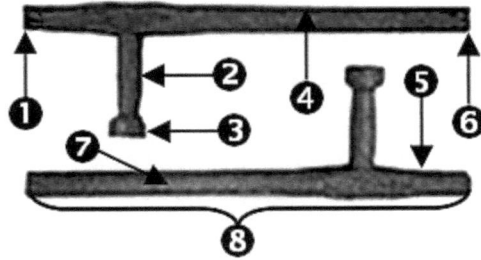

TONFA: ❶ = ZENATAMA bzw. ZENTO (Ende/Spitze -kurz-); ❷ = NIGIRI bzw. TSUKA (Griff); ❸ = GASHIRA bzw. TSUKAGASHIRA (Griff-/ Knauf); ❹ = MONOUCHI ZOKO (Waffensintererseite); ❺ = JOMEN (Waffenoberseite); ❻ = USHIROATAMA bzw. KOTO (Ende/ Spitze -lang-); ❼ = SOKUMEN (Waffenseite); ❽ = MONOUCHI (Waffenkörper)

1.3.6 YAWARABOJITSU 柔棒術

Der YAWARABO ist ebenfalls eine aus Holz (überwiegend aus japanischer Rot-/Weiß-Eiche) gefertigte japanische Kurzwaffe, die in verschiedenen Kampfkünsten verwendet wird. Er (auch als KUBOTAN oder als „Nervenstock" bekannt) gehört mit einer Länge von ca. 12 - 16 cm bei einer Breite von ca. 1 - 2,5 cm (je nach Handgröße) zu den Kurzwaffen und kann insbesondere verdeckt eingesetzt werden. Die YAWARABO-Länge ist gewöhnlich etwas länger, als die jeweilige Handbreite, damit er in eine Hand bzw. Faust passt und zudem an beiden Handaußenseiten noch übersteht, um das Waffenende auch einsetzen zu können. Einige dieser YAWARABO haben zusätzlich mittig Rillen für ein besseres festhalten sowie partiell in Handbreite Bohrungen, durch die im Handumfang kleine bzw. schmale Seile zur besseren Fixierung und für etwaige weiterführende Techniken angebracht sind. Zur Druckeffektmaximierung werden die Enden der Waffen auch teilweise angespitzt oder abgerundet.

Ein YAWARABO ist im Wesentlichen ein kurzer Stock, den bzw. die man verdeckt in der Hand bzw. den Händen (als Paar: NI-YAWARABO: „2" YAWARAS) zwecks Druckverstärkung auf entsprechende Nervenpunkte (KYUSHO) einsetzen kann. Als Waffenpaar werden sie zumeist auch mit beiden Händen zugleich benutzt, um Druckpunkte des Gegners schneller und effektiver mit Schlägen, Stößen und

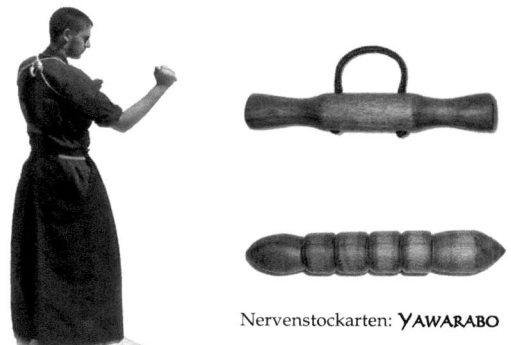

Nervenstockarten: YAWARABO

Stichen angreifen zu können. Ferner aber auch durch ihren Einsatz Hebel-, Grifflöse-, Wurf- und Würgetechniken damit zu unterstützen.

Der klassische YAWARABO ist, wie bereits angeführt, aus Holz. In der heutigen Zeit wird er aber auch aus Aluminium, Hartgummi oder Kunststoff hergestellt. Viele dieser Herstellungen verfügen über „eine" Bohrung im oberen Teil, um ihn als Schlüsselanhänger zu verwenden. Diese Art des Pragmatismus hat sich somit an die Notwendigkeiten der Neuzeit angepasst. Trotz der durchaus machbaren verdeckten Trageweise sowie effektiven Einsetzbarkeit unterliegt der YAWARABO nicht den jeweiligen Waffengesetzen und weiteren gesetzlichen Einschränkungen in den meisten Ländern.

1.3.7 HOJOJITSU 捕縄術

HOJITSU ist übersetzbar als Fesselkunst oder als „Kunst, jemanden mit dem Seil zu fesseln", wobei es nicht nur auf die Fesselung begrenzt ist, wie wir später noch sehen werden.

GRUNDSÄTZLICHES

TAISHIN RYU KOBUJITSU 体心流古武術

HOJITSU ist auch bekannt unter TORINAWAJITSU (HO und TORI: greifen/fangen / JO und NAWA: Seil/Schnüre). Die verwendeten Seile sind je nach Stilrichtung zwischen einem und sieben Meter lang. An manchen befindet sich noch an einer Seite eine Schlaufe (z.T. auch aus Metall) für den Hals. Eingesetzt wurden aber überwiegend längere HOJO-Seile/-Schnüre für diese komplexe Art der Fesselung. Man nahm dazu alles, was greifbar und vorhanden war (Stoffgürtel, Befestigungsmaterial für Gepäck und Tiere u.a.). Die gut Vorbereiteten führten aber auch separate Seile speziell für eine etwaige Gefangennahme mit.

Als Material eigneten sich insbesondere Seile aus Hanf oder Leinen. Nach unbestätigten Quellen sollen, insbesondere bei Polizeieinheiten, verschiedenfarbige Seile verwendet worden sein. Die Farben sollten u.a. eine bestimmte Bewertung, Einstufung, Position und Rangstufe des Gefesselten ausdrücken (z.B. weiß: gewöhnlicher Krimineller, blau: gefährlich, violett: höherer Rang, schwarz: niederer Rang).

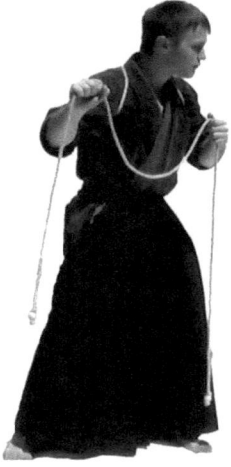

Neben Sicherheits- und Polizeikräften waren Fesselungstechniken insbesondere auch im Wach und Vollzugsdienst relevant. Diese „Kunst & Technik der Fesselung" wird auch heute noch durch die japanische Polizei ausgeübt und bei Festnahmen sowie zur Überwältigung von Gewalttätern und Rechtsbrechern eingesetzt. Kenntnisse über den waffenlosen Nahkampf (TAIJITSU) und über Fesselungstechniken (HOJOWAZA) sowie auch „Können" darin, sind und waren dazu erforderlich, nach der Überwindung des Widerstandes eines Antagonisten, diesen auch fixieren zu können. Vor jeder Fesselung stand nämlich, als schwierigste Voraussetzung, die Überwindung des Gegners.

TAIJITSU, JIUJITSU, KUMIUCHI oder YAWARA war der waffenlose Nahkampf, das Gegenüber zu Boden und unter Kontrolle zu bringen. Erforderliche Entwaffnungen, sowie das Unterbinden der Gegenwehr, erfolgten aber auch unter der Anwendung von KOBUJITSU-Techniken mit anderen Waffen, wie dem Kurz- oder Halblangstock.

Unter der Anwendung von Druck- (KYUSHO), Hebel- oder Würgetechniken (mit und ohne Waffe) konnte das Gegenüber am Boden fixiert werden, wo dann, ggf. auch durch Unterstützung eines Dritten, die Fesselung vorgenommen werden konnte. Diese Vorgehensweise erforderte eine hohe Kunstfertigkeit in der waffenlosen und Waffen-Technik sowie aufgrund von Gegenwehr auch ein schnelles und abgestimmtes Handeln.

Der Einsatz dieser Fesseltechniken ist flexibel. Er passt sich den Gegebenheiten und Notwendigkeiten an. Dies variiert vom antiken Schlachtfeld bis zum modernen Einsatzmittel. Die Techniken des Schlachtfeldes wurden sowohl für den zivilen als auch öffentlichen Sicherheitsbereich übernommen und perfektioniert. Es erfolgte eine Anpassung an diese neuen Gegebenheiten und Notwendigkeiten. Dadurch etablierte sich HOJITSU als eigenständige Kriegskunst.

Damals wie heute war und ist es notwendig, das Gegenüber im Kampf nicht „komplett" auszuschalten, sondern ihn durch Bewegungsunfähigkeit zu paralysieren und wenn möglich lebend festzusetzen. Früher ging es hauptsächlich darum, vom Festgehaltenen

 GRUNDSÄTZLICHES TAISHIN RYU KOBUJITSU 体心流古武術

benötigte Informationen zu erfahren oder ihn gegen andere Gefangene auszutauschen. Dazu wurden Gefangengenommene u.a. für den Transport mit Seiltechniken gefesselt. Eine Vorführung sollte auch der Abschreckung dienen. Fesselungen erfolgten zudem auch bei Exekutionen.

Heute versucht man vielmehr durch diese Art der Demobilisierung und Sicherung, Gewalttätigkeiten und sonstige Gefahren eines Verursachers, von der Allgemeinheit und insbesondere von den einschreitenden Personen abzuwenden und etwaige Rechtsbrecher der Strafverfolgung und anschließenden Rechtsprechung bzw. Verurteilung zuzuführen.

Zu Zeiten der SAMURAI (aber auch später) waren Rang, Status und Respekt wichtige gesellschaftliche Eigenschaften und spielten in der japanischen Kultur eine bedeutungsvolle Rolle, was auch die Fesslungskunst beeinflusste. Die Arten der Fesselung waren dabei nicht nur pragmatisch, sondern zeugten neben dem Rang- und Standesdenken auch von einem Respekt gegenüber dem Gegner sowie von einer beträchtlichen Ausführungsfertigkeit.

Die Ausführung unterlag einem klaren Reglement, so dass es je nach gesellschaftlichen Rang, Stand, Alter, Geschlecht und der Berufsausübung des Gefesselten auch Regularien des Bindens gab.

Manifestiert wurde dies in der Gestaltung verschiedener und variabler Fesslungstechniken und Knoten, was zum Teil auf die verschiedene Bekleidung der Betroffenen (KIMONO, Rüstung, pp.), aber auch auf die Anatomie des Körpers (Mann/ Frau, Greis/Kind, usw.) zurück zuführen war.

HOJOJITSU: „Fesslungskunst" ~ unterschiedliche Fesslungstechniken und -formen, auch unter Verwendung verschiedener Knoten (Bilderquelle: Wikipedia)

Ähnlich den modernen „Handschellen bzw. Handfesseln" erfolgte die Fesselung ausschließlich hinten auf dem Rücken. Zudem wurden dazu noch die Arme fixiert und meistens dies mittels einer Schlinge um den Hals abgesichert, so dass man eine vollständige Bewegungsunfähigkeit der Arme erzeugte und ein Fluchtversuch unweigerlich zu einer bewussten „Selbststrangulation" geführt hätte. Also alles in allem eine sehr wirkungsvolle

Sicherung der Person. Darüber hinaus wurden die Knoten und Seilzüge so angelegt, dass sie ATEMI- und Nervenpunkte bei Gegenwehr beeinflussten. Die Ausführung unterlag dabei aber einem bestimmten Reglement.

Bei den Fesselungen war darauf zu achten, dass den Probanten keine Verletzungen (physische und psychische) zugefügt wurden. Fesselungen beabsichtigten keine Folter, sondern sollten lediglich die Sicherung einer Person gewährleisten. Unter Beachtung dieses Reglements mussten sie dabei zudem anmutig wirken und trotzdem effektiv sein, so dass eine Selbstbefreiung unmöglich war. Gleichzeitig erhoben sie auch noch den Anspruch, standes- und rangbedingte sowie alters- und geschlechtsspezifische Bedingungen berücksichtigen zu müssen.

HOJITSU (sowie auch die anderen Künste) unterlag der internen Geheimhaltung, damit keine Schwachpunkte und Gegentechniken ausfindig gemacht werden sollten. Mit HOJITSU konnten zudem un-/bewaffnete Schläge (z.B. mit einem Stock) und Tritte abgewehrt und ausgeführt, sowie darauf aufbauend, Wurf-, Hebel- und Würgetechniken als Folgetechniken erfolgen.

In dem hier vorgestellten Stil des „TAISHIN RYU KOBUJITSU" ist dieser komplexe Umgang mit dem Seil Teil des Trainings- und Prüfungsprogramms. Hier wird auch ein spezielles Seil verwendet, dass an den Ende leichte Holzgewichte hat. Diese eignen sich zum einen gut für Schwünge und - durch die Holzgewichte an den Seilenden - gut als Schwung- und Schlaginstrument sowie zum anderen gut für die Umwicklung von Körperstellen durch die Schwünge. Insbesondere sehr gut eignet es sich für die gesamten Fesselungsarten.

HOJITSU ist eine effektive, ganzheitliche und flexible Waffe des TAISHIN RYU KOBUJITSU.

1.4 Grundschule – KIHON-WAZA 基本

Mit dem Begriff KIHON sind in den japanischen Kampfkünsten, die Grundlagen als Basis gemeint, mit dem Begriff WAZA die Techniken. Insgesamt sind daher die Grundlagentechniken in einem Stil gemeint, die sich von Stil von Stil sehr unterscheiden können.

Im Training des TAISHIN RYU KOBUJITSU wird großen Wert auf die Ausführung der Grundtechniken/-schule gelegt, die zunächst in feststehender Form, später in fließenden Formen und Bewegungen mündend (KIHON-KATA) und dann sogar dann frei geübt werden (KIHON-KUMITE).

KIHON-KATA ist die Bezeichnung für die festgelegten Grundformen zum Erüben der elementaren Bewegungen und Grundtechniken in fließenden Formen. Sie werden aus dem Stand und der Bodenlage ausgeführt. Sie enthalten als wichtiges Prinzip die Fähigkeit der Anpassung an die Bewegung des Gegners und soll als Übergang für die freie Abwehr dienen.

Dieser weitere Schritt soll dann durch das KIHON-KUMITE verstärkt werden. Hier reagiert der Angegriffene frei nach seinen Möglichkeiten. Die Grundtechniken werden hier in freier Form miteinander kombiniert.

 GRUNDSÄTZLICHES   TAISHIN RYU KOBUJITSU 体心流古武術

1.5 Etikette – REISHIKI 礼式

REISHIKI ist die Gesamtheit der Verhaltensregeln in den japanischen Kampfkünsten des BUDO und der japanische Ausdruck für „Etikette". Auch heute noch werden bestimmte Etiketten beachtet. Historische Regeln traditioneller RYU (Schulen) sind den heutigen Bedürfnissen angepasst worden. Sie dienen hauptsächlich dem Erreichen der Höflichkeit, des Respekts und rechten Verhaltens.

Jede Kampfkunst verliert ihren Wert ohne eine entsprechende Etikette. Diese beinhalten die Gesamtheit der Umgangs- und Verhaltensformen, wie die Kleiderordnung, DOJO-Regeln, Grußformen, das Hinknien (SEIZA) und Aufstehen, Verhalten während des Trainings, Waffenhandhabung sowie der Respekt gegenüber dem SENSEI (Lehrer), SEMPAI (Höchster Schüler) und den anderen Mitschülern.

Zu diesen Regeln gehört auch eine gewisse Körperpflege (geschnittene Fuß- und Fingernägel, um Verletzungen zu vermeiden; gereinigte Füße und Finger; sauberer GI und das Ordnen am Trainingsanfang und ende), sowie das Ab- und Angrüßen beim Verlassen und Betreten der Matte und des DOJO´s.

1.6 Dojo-Regeln – DOJOKUN 道場訓

DOJOKUN sind DOJO- und Verhaltensregeln für das Training der Kampfkünste des BUDO. Nach überlieferten Quellen wurden sie u.a. durch den bekannten japanischen BUDO-Meister SAKUGAWA KANGA (1733-1815), des frühen TODE (OKINAWA-KARATE), um das Jahr 1750 verbreitet.

Die ursprüngliche Idee für diesen Verhaltens-Kodex lässt sich über das chinesische SHAOLIN-Kloster bis zum buddhistischen Mönch BODHIDHARMA und zudem auch zu anderen Quellen zurückverfolgen. In immer noch traditionell orientierten BUDO-Schulen (RYU) finden sie heute noch Berücksichtigung.

DOJOKUN (DO 道: Weg, JO 場: Ort, KUN 訓: Anweisung) bedeutet soviel wie „Anweisungen für den Ort des Weges".

Für die Entwicklung im BUDO sind sie für jeden einzelnen, gleich welchen Ranges, essentiell. Dabei ist die regelmäßige Gegenüberstellung der eigenen Haltung (SHISEI) zu den Inhalten von besonderer Bedeutung. Es soll ein Leitfaden fürs Training und Miteinander sein und für den Schüler eine Herausforderung sowie für den SENSEI ein Maßstabsmesser zur Überprüfung der individuellen Weiterentwicklung.

Traditionell wurden die Regeln nach dem Training durch den höchsten Schülergrad (SEMPAI) einzeln laut aufgesagt und dann jeweils von den anderen anwesenden Schülern wiederholt. Dadurch sollten die Inhalte sich, ähnlich der erlernten Techniken, bei jedem Trainierenden verfestigen, um damit eine Vervollkommnung der Persönlichkeit herbei zuführen.

GRUNDSÄTZLICHES

Die Leitsätze sind:

1. Eins ist: Vervollkommne Deinen Charakter!
   一、人格完成に務むること
   Hitotsu, Jinkaku Kansei ni Tsutomuru Koto
2. Eins ist: Bewahre den Weg der Aufrichtigkeit!
   一、誠の道を守ること
   Hitotsu, Makoto no Michi wo Mamoru Koto
3. Eins ist: Entfalte den Geist der Bemühung!
   一、努力の精神を養うこと
   Hitotsu, Doryōku no Seishin wo Yashinau Koto
4. Eins ist: Sei höflich!
   一、礼儀を重んずること
   Hitotsu, Reigi wo Omonzuru Koto
5. Eins ist: Bewahre Dich vor übertriebener Leidenschaft!
   一、血気の勇を戒むること
   Hitotsu, Kekki no Yū wo Imashimuru Koto

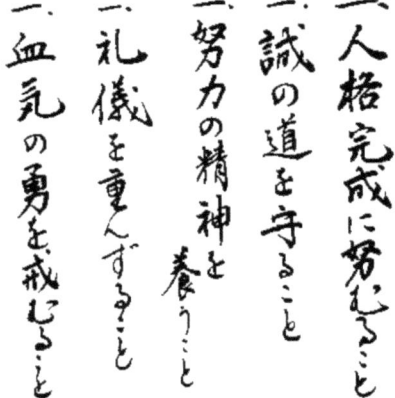

Für das Training gelten daher folgende Verhaltensregeln:

∞ Selbstverständlich ist ein „pünktliches" Erscheinen im Training. Bei zu spät kommen, setzt sich der Schüler kniend am Eingang des DOJO in SEIZA und führt selbstständig MOKUSO und REI durch. Erst nach Begrüßung des SENSEI und erst nach dessen erwidertem Gruß erhebt sich der Schüler und nimmt seinen Platz in der Gruppe ein.

∞ Trainingspläne sind einzuhalten. Regelmäßiges Training ohne Übertreibung ist Voraussetzung. Längere Auszeiten und etwaige Abwesenheiten sind dem SENSEI (Lehrer) rechtzeitig mitzuteilen.

∞ Beim Betreten des DOJO und der Matten ist sich zum Zeichen des Respekts zu verbeugen und darauf zu achten, dass dies nur mit sauberen Füßen und sauberer, ordnungsgemäßer Trainingskleidung (ist immer in Ordnung) erfolgt.

∞ Während des Unterrichts wird kein Kaugummi gekaut und nicht gesprochen. Das Tragen von Schmuck/Uhr u.ä. ist nicht gestattet. Fuß- oder Fingernägel müssen kurz sein. Das Verlassen des DOJO sollte während des Trainings vermieden werden. Man sollte sich zum Durchhalten überwinden und sich selbst zur Stärke erziehen. Sollte dennoch eine Unterbrechung erforderlich sein, dann ist sich auf jeden Fall ordnungsgemäß abzumelden.

∞ Alle BUDO-Schüler sollten grundsätzlich zu einem harten, entbehrungsreichen körperlichen Training in der Lage sein. Bei gesundheitlichen Zweifeln ist ggf. ein Arzt zu konsultieren. Zuschauer dürfen den Unterricht nicht stören.

∞ Im Training ist sich auf die jeweilige Übung zu konzentrieren und auf die innere Geisteshaltung zu achten. Im Vordergrund steht das Lernen. Unnötige Fragen sind daher nicht zu stellen, nur wenn es unabdingbar ist. Es ist jederzeit eine einwandfrei, körperliche und geistige Haltung zu zeigen. Auch wenn man erschöpft ist und sich

zurückziehen muss. Ein „*sich gehen lassen*" während des Trainings ist mit der Tradition des BUDO nicht vereinbar.
- ∞ Rechte Umgangsformen sind zu bewahren und es ist zu zeigen, dass man zur Zusammenarbeit bereit ist. Will man den „Weg der Kampfkünste" des BUDO gehen, sollte der Charakter vor den Fähigkeiten stehen und dies zeigen.
- ∞ Ranghöhere Schüler (SEMPAI) sind innerhalb und außerhalb des DOJO zu achten. Nur in der rechten Haltung ihnen gegenüber kann man von ihnen lernen. Man sollte den Fortschritt anstreben und versuchen, selbst ein Ranghöherer zu werden. Nie mehr fordern, als man selbst bereit ist, zu geben. Nie kritisieren, wenn man nicht versteht.
- ∞ Ranghöhere Schüler tun alles, um den rangniedrigen Schüler (KOHAI) bei der BUDO-Ausbildung zu helfen. Vorbildfunktion und ernsthafte Haltung zeigen, dass der höhere Grad zu Recht getragen wird. Sollte ein Ranghöherer helfen, ist ihm mit der Ausführung von REI zu danken.
- ∞ Schüler haben sich in der Öffentlichkeit so zu verhalten, dass sie dem BUDO-Ansehen keinen Schaden zufügen.

1.7 Meditation/Konzentration und Gruß/Verbeugung – MOKUSO 黙想 und REI 礼

Als MOKUSO („ruhiges Denken") bezeichnet man in den japanischen BUDO-Disziplinen die Meditation vor und nach dem Training in der Tradition des ZAZEN. Dabei sollen sich die Trainierenden vom Alltag lösen und geistig auf das Training vorbereiten. Nachdem sich vor Trainingsbeginn oder -ende alle Schüler nach Rang in Reihen gegenüber dem Meister aufgestellt haben, kniet sich im TAISHIN RYU KOBUJITSU dieser (SENSEI/SHIHAN) nieder und gibt das Kommando „SEIZA".

Die jeweiligen KOBUJITSU-Waffen werden dabei in der linken Hand in Hüfthöhe nach vorne gehalten. Die Schüler knien sich dann vom höchsten bis zum niedrigsten Rang von links nach rechts (vom Lehrer aus gesehen) nieder. Die Waffen werden nach abknien in beiden Händen in Kopfhöhe hochgehoben und mit einer respektvollen Kopfneigung nach vorne geehrt. Der Meister beginnt und legt die Waffen vor den Knien nach vorne mit der jeweiligen Waffenspitze (ggf. die Schneide nach vorne) ab. Anschließend nimmt er Blickkontakt zum SEMPAI auf und fordert ihn zum Ausspruch „MOKUSO" auf, dem Beginn zur Meditation.

Je nach RYU ist es üblich, die Augen dabei ganz oder nur halb zu schließen und den Blick nach unten zu richten sowie die Hände ggf. zu einer MUDRA (Fingerspitzen und Daumen berühren sich und bilden einen Kreis) zu formen. Es wird kontrolliert mit kurzem Einatmen durch die Nase, ebenso kurzem Anhalten der Luft und anschließendem sehr langsamem Ausatmen durch den Mund geatmet. Die mehrmalige Ausführung dieses Zyklus dauert ca. 60-90 Sekunden, ein Zyklus ca. 15 Sekunden. Es ist von größter Bedeutung, dass die

 GRUNDSÄTZLICHES TAISHIN RYU KOBUJITSU 体心流古武術

Meditationsdauer ausreichend ist, bis sich die Schüler durch ihre Konzentration auf die Atmung miteinander in Einklang gebracht haben.

Die Meditation am Anfang und am Ende jeder Übungsstunde ist daher ein entscheidender Faktor im Fortschritt der Übenden auf dem Weg. Die Meditation endet je nach RYU und durch „Klatschen" oder nach Ausruf „MOKUSO-YAME" (Ende der Konzentration; „Augen wieder öffnen") durch den SEMPAI oder SENSEI. Danach erfolgen Gruß und Verbeugung. Anschließend wird in umgekehrter Reihenfolge wie zuvor das rechte Bein nach vorne aufgestellt, die rechte Faust am rechten Innenfuß aufgestellt und die Waffen mit der linken Hand in Hüfthöhe nach hinten gehalten. Hat der letzte Schüler diese Formation eingenommen, steht der auf, dann die Schüler nach Rang wie zuvor.

Die Waffen werden dann von der linken Hand in die rechte übergeben und von dort aus zum Herzen („Kämpferherz") geführt (außer bei KENJITSU erfolgt dies dort mit der geballten rechten Faust). Die Meditation wird durch MOKUSO dort eingeleitet und durch REI abgeschlossen. Die linke Hand hält das Holz-/Schwert mit der Spitze nach vorne und der scharfen Seite nach unten.

REI, tief verwurzelt in der japanischen Gesellschaft, ist ein Ausdruck des Anstandes, Dankes, Respekts sowie der Aufrichtigkeit und Höflichkeit. Er wird insbesondere im BUDO in Verbindung mit einer Verneigung benutzt, die keinen religiösen Bezug hat, sondern als Dankbarkeitsgeste nach dem Leitgedanken „Danke, dass ich hier trainieren darf.", „Danke SENSEI, dass du mich unterrichtest.", „Danke Mitschüler, dass ich mit dir trainieren darf." zu verstehen ist. Je nach RYU beginnt und endet eine Übungsstunde mit einer gemeinsamen Verneigung. Beginnend wird sich zur Frontseite des DOJO (SHOMEN NI REI), dann zum Lehrer (SENSEI NI REI) und schließlich zu den anderen Schülern untereinander (OTAGAI NI REI) verbeugt und gegrüßt, was auch als Angrüßen bezeichnet wird. Im KOBUJITSU kommt noch die zuvor beschriebene Verneigung zu der jeweiligen Waffe hinzu. Ob vorm Beginn einer jeden einzelnen Übung eine Verneigung der Schüler erfolgt, hängt dann von der jeweiligen RYU ab. Die Verneigung kann im Sitzen (ZAREI 座礼) oder Stehen (RITSUREI 立礼) erfolgen.

In den Kampfkünsten ist REI von hoher Bedeutung. REI wird gemeinsam mit an Trainingsanfang und –ende mit dem Dankbarkeitsausspruch „ARIGATO GOZAIMASH" und am Ende „ARIGATO GOZAIMASHITA" ausgeführt. Durch den Meister erfolgt zu Trainingsanfang noch der Tagesgruß „KONICHI-/KOMBAM-WA" (tagsüber/abends) und zur Verabschiedung „SAJONARA" am Ende des Trainings.

Kapitel 2:

Basis-Techniken – Taihen Waza 体変技

BASIS-TECHNIKEN – Taihen Waza 体変技

Alles hat einen Ursprung ... einen Kern ... eine Basis. Erst daraus kann eine Entwicklung zur Vollständigkeit erfolgen. So ist es auch im TAISHIN RYU KOBUJITSU. Man kann nicht gleich mit dem Waffentraining loslegen, sondern es werden gewisse Grundkenntnisse und Körperbefähigungen benötigt, um sich dem umfangreichen Studium der Waffenkünste widmen zu können.

TAIHEN WAZA 体変技 sind Basistechniken. Sie beinhalten neben der Fallschule (UKEMI 受身) sowie un-/ bewaffneten Kampfstellungen und -haltungen (JIGOTAI DACHI 四股立 und BUKI KAMAE 武器構え) auch Grundübungen (SUBURI KEIKO 素振り稽古), sowie Waffenzieh- und Wegstecktechniken (IAI WAZA 居合技) und darüber hinaus Formen des „sich bewegens" (SABAKI 捌き).

Alle diese Basis- und Grundtechniken erfordern ein gewisses körperliches (und auch mentales) Geschick und sind Grundvoraussetzungen zum Erlernen der weiteren (Waffen-) Techniken.

2.1 Fallschule – UKEMI 受身

Vor dem Werfen ist das richtige Fallen angesagt. Nicht nur ein dynamischer Wurf bringt jemanden zu Fall, nein, auch andere reale Situationen bringen einen dazu. Beispielsweise in der Hektik einer Auseinandersetzung in unwegsamem Gelände bei schlechten Sichtverhältnissen, eingebettet mit der Angst und der Gefahr, verletzt zu werden. Dies sind reale Szenarien, die nicht nur früher auf dem Schlachtfeld denkbar waren, sondern auch heute in der modernen Welt.

„UKEMI" ist die Schule des richtigen Fallens mit und ohne Waffen, durch die der Schreck des Fallens aufgrund eines möglichen Wurfes oder anderen Gleichgewichtsverlustes gemildert wird. Trainiert wird auch, das Gleichgewicht des Gegenübers zu brechen und dann zu werfen, um ihn dann besiegen zu können.

Beinhaltet sind auch schulmäßige Fallbewegungen unter realistischen Verteidigungsbedingungen, indem der Fallende von hinten, vorne, der Seite gestoßen wird, die Beine weggezogen bekommt und anschließend einer Bedrohung standhält, sowie Schlag-/Tritt- und Waffenangriffe u.ä. abwehrt.

Eine umfassende Fallschule berücksichtigt auch das Aufheben von Gegenständen und Waffen in der Phase des Fallens sowie das richtige Fallen über etwaige Hindernisse.

KENJITSU 剣術

a) MAE UKEMI
Rolle vorwärts

BASIS-TECHNIKEN – Taihen Waza 体変技   TAISHIN RYU KOBUJITSU 体心流古武術

TANTOJITSU
短刀術

b) USHIRO UKEMI
Rolle rückwärts

HANBOJITSU
半棒術

c) SOTO UKEMI
Sturz seitwärts

TANBOJITSU
短棒術

d) SOTO UKEMI
Rolle seitwärts

TONFAJITSU
トンファー術

e) MAE UKEMI
Sturz vorwärts

HOJOJITSU
捕縄術

f) USHIRO UKEMI
Sturz rückwärts

YAWARABOJITSU
柔棒術

a)–f)
UKEMI mit Waffe
aufheben…
über Hindernisse
nach schubsen
mit Verteidigung

2.2 Verteidigungsstellung und Waffenhaltung – JIGOTAI DACHI 四股立 und BUKI KAMAE 武器構え

Im „TAISHIN RYU KOBUJITSU" ist eine ausgewogen flexible und praktikable Verteidigungsstellung und Waffenhaltung unabdingbare Voraussetzung für das Erlernen der „alten Waffenkünste". Es bestehen aber je nach Waffengattungen verschiedene Variationen, worauf später noch eingegangen wird. Die Beschreibung der Verteidigungsstellung bezieht sich überwiegend auf die untere Hälfte des Körpers, bzw. auf die Position der Füße im Stand. Inhalt ist aber auch die richtige Verteidigungs- und Waffenhaltung der Arme und der Hände. Schwerpunkt ist daher insgesamt das Erlernen der richtigen Kampfhaltung. Der Oberkörper bleibt bis zum Becken gerade und zur Vermeidung eines Hohlkreuzes wird das Becken nach vorne gekippt. Bei der regulären Kampfhaltung des „TAISHIN RYU KOBUJITSU" steht in Schulterbreite ein Bein vorne und eines hinten, wobei ca. 80% der Belastung auf dem Hinterbein verbleiben, um etwaige Tritte im Rahmen unbewaffneter Angriffe (TOSHUNOBU SEME WAZA 徒手之部攻め技) mit dem Bein abwehren zu können. Dies variiert aber bei eigenen Angriffsschlägen, da dann ca. 80% der Belastung auf dem Vorderbein erfolgen, um dem Angriff auch das nötige „Gewicht" zu verleihen. Bei der Abwehr sind die Knie leicht eingeknickt und schräg gegeneinander gedrückt, sowie der vordere Fuß leicht nach innen gestellt. Die verschiedenen Variationen in der Waffenhaltung hängen zum einem von der Anzahl der Waffen und zum anderen von der Waffenart ab. Die verschiedenen Waffen können nämlich einhändig (KATA-TE), beidhändig (RYO-TE) und auch mit beiden Händen (MORO-TE) eingesetzt werden. Das KATANA und der HANBO können ein- und beidhändig gehalten und geführt werden. Bei der beidhändigen Waffenhaltung dieser beiden Waffen resultiert die Bezeichnung aus der Ausrichtung der Waffe (... besser gesagt, der Waffenspitze) zum Gegner hin:

- GEDAN NO KAMAE (下段の構え):
  Waffenhaltung (mit der Waffenspitze) nach unten.
- JODAN NO KAMAE (上段の構え):
  Waffenhaltung (mit der Waffenspitze) zur Körpermitte.
- CHUDAN NO KAMAE (中段の構え):
  Waffenhaltung (mit der Waffenspitze) zum Kopf.
- HASSO NO KAMAE (八相の構え):
  Waffenhaltung (mit der Waffenspitze) nach oben seitlich.
- WAKI NO KAMAE (脇の構え):
  Waffenhaltung (mit der Waffenspitze) nach unten seitlich.
- KOCHO NO KAMAE (校長の構え):
  Waffenhaltung (mit der Waffenspitze) nach vorne über die Schulter.

Der HANBO ist auch mit beiden Händen einsetzbar. Alle anderen Waffen einhändig und mit beiden Händen. Darüber hinaus ist eine umgekehrte (URA) Waffen- und Griffhaltung (z.B. mit der Spitze nach unten) bei allen Waffen möglich und wird auch so trainiert.
Arme und Waffen (einhändig und mit beiden Händen) werden wie ein Dreieck (BUKINOBU SANKAKU NO KAMAE 武器之部三角構え) nach vorne gebracht. Ein (un-/bewaffneter) Arm (bei der regulären Kampfhaltung der Arm, dessen Bein ebenfalls vorne steht) bleibt vorne, der andere ist leicht zurückgesetzt, so dass sich dieser mit der Hand in Höhe der anderen

BASIS-TECHNIKEN – Taihen Waza 体変技

Armbeuge befindet. Die Ellenbogen werden schulterbreit gehalten. Die leicht schräg gehaltenen Hände befinden sich auf einer Linie direkt hintereinander, ohne die Arme zu berühren („versetzter Keil als Dreieck").

BASIS-TECHNIKEN - Taihen Waza 体変技

TONFAJITSU
トンファー術

HOJOJITSU
捕縄術

URA-/KATA-
MORO-TE ➔
entgegengesetzt/
ein-/beidhändig

| KATA-TE SANKAKU NO KAMAE | URA KATA-TE SANKAKU NO KAMAE | MORO-TE SANKAKU NO KAMAE | URA MORO-TE SANKAKU NO KAMAE |

YAWARABOJITSU
柔棒術

2.3 Grundübungen - SUBURI KEIKO 素振り稽古

SUBURI KEIKO als Grundübung hilft durch viele Wiederholungen einen Automatismus der Waffentechnik herzustellen. Dieser Vorgang des „Automatisierens" erfordert neben technisch-körperlichen auch mentale Prozesse. SUBURI (素振り) sind dabei grundlegende, sich wiederholende Bewegungs-, Schlag-, Schnitt- und Handhabungsübungen. Sie sollen dazu dienen, die eigene Grundtechnik im „TAISHIN RYU KOBUJITSU" verbessern zu helfen.
Die Ausführung erfolgt zu Beginn des Trainings überwiegend ohne Partner. Die Übungen können sowohl ein-, beid- und auch zweihändig ausgeführt werden. Intention ist hier die Verbesserung der „Physis" und der technisch-körperlichen Fertigkeiten.
KEIKO (auch GEIKO 稽古 geschrieben) als eigentliche Übung setzt den Focus aber eher auf das „Mentale" ... die „Psyche" und damit auf geistige Fertigkeiten. Es bedeutet wörtlich „nachdenken ... überdenken". Diese Übungsform bezieht sich daher auf die Erlangung der „Ganzheit" des Menschen. Mit rein mechanischen sowie körperlichen Wiederholungen ist dies nicht zu erreichen. Erst durch die mentale Erfassung und Weiterverarbeitung im kognitiven Prozess findet eine Transaktion zwischen den Parten „Körper" und „Geist", statt, die dann eine Einheit bilden können.
Wie bereits angeführt, betont die Körper-Geist-Schule (TAISHIN RYU) das Streben nach der Einheit zwischen Körper und Geist, indem beides gleichberechtigt neben einander trainiert wird. Dies umfasst bei der Übung daher neben Körper (TAI) und Geist (SHIN) auch die Technik (WAZA) und Energie (KI).

BASIS-TECHNIKEN – Taihen Waza 体変技

TAISHIN RYU KOBUJITSU 体心流古武術

Das Ziel dieser Übung ist es, alles zur Einheit werden zu lassen, um einen von allen genannten Komponenten erzeugten Automationsprozess zu erzeugen. Das Ergebnis sollte dann das Beherrschen der „Kunst" sein, zumindest eine Verbesserung des „Weges" (DO).

KENJITSU 剣術
SCHNITTÜBUNGEN

1. JODAN NO KAMAE
2-3. KESA KIRI / URA
4-5. YOHO KIRI / URA

TANTOJITSU 短刀術
GRIFFWECHSEL

1. SANKAKU NO KAMAE
2-3. Spitze vorne/hinten
4-5. Wiederholung links

HANBOJITSU 半棒術
WAFFENDREHÜBUNG

1. MORO-TE NO KAMAE
2-3. horizont-vertikal
4-5. Wiederholung

TANBOJITSU 短棒術
WAFFENDREHÜBUNG

1. SANKAKU NO KAMAE
2-3. Handrückenrotation
4-5. Handflächenrotation

TONFAJITSU トンファー術
WAFFENDREHÜBUNG

1. SANKAKU NO KAMAE
2-3. Handrückwärtsrolle
4-5. Handvorwärtsrolle

HOJOJITSU 捕縄術
WAFFENDREHÜBUNG

1. MORO-TE NO KAMAE
2-3. Vertikaldrehung
4-5. Achter-Drehung

YAWARABOJITSU
桑棒術
GRIFFWECHSEL

1. SANKAKU NO KAMAE
2-3. Wechsel „Stich"
4-5. Wechsel zurück

2.4   Waffenzieh- und Wegstecktechniken – IAI WAZA 居合技

Waffen schnell ziehen und einsetzen sowie zurück bzw. wegstecken zu können, ist ebenfalls Teil des Trainings- und Prüfungsinhaltes im „TAISHIN RYU KOBUJITSU".
IAI kann man als „Aufmerksamkeit" und „sofortiges reagieren" verstehen, WAZA mit „Technik". Zusammengefasst kann es daher als „schnelle, sofortige Reaktion bei höchster Aufmerksamkeit" bezeichnet werden.
Im „TAISHIN RYU KOBUJITSU" bezieht sich dies auf alle Waffenarten und impliziert darunter alle Waffenzieh-, Erstschlag- und Wegstecktechniken. Ausgangspunkt soll immer der erste Schritt sein, um damit dem anderen ggf. zuvor zu kommen und somit den Ausgang des Kampfes im Vorfeld bestimmen zu können. Es geht also darum, intuitiv im richtigen Moment und bei der richtigen Gelegenheit (KIKAI 機会) die Initiative (SEN 先) zu ergreifen. Die wahre „Kunst" liegt dabei in der völligen und achtsamen Konzentration in der Bewusstheit der gegenwärtigen Situation.
Der gegenwärtige „Geisteszustand" (ZANSHIN 残心) spielt daher hier ebenfalls eine bedeutungsvolle Rolle, da auch hier die Einheit von Körper (als ausführendes Organ) und Geist (als leitendes Organ) die Grundlage darstellen und den Prozess bestimmen. Das „aufmerksame sofortige reagieren" bestimmt den Kampf, einerseits durch die unmittelbare körperliche Reaktion auf die Gesamtumstände und anderseits durch einen freien „Geist" ohne geistige Blockaden, negative Einflüsse und Kognitionen. Dies zeigt sich in der instinktiven Beeinflussung und dominierenden Einnahme der Verteidigungsstellung, Distanz und Umgebung zum eigenen Vorteil. Die mentale Stärke ist daher oft die ultimativ „Kampf-Entscheidende" Voraussetzung. Der Geist nimmt daher in einer Kampfsituation die wichtigste Rolle ein, da der Körper nur ausführt. Die SAMURAI sahen daher früher drei Punkte, die zum Verlust eines Kampfes führen konnten:

- ∞   KIKIOJI, Angst vor dem Ruf des Gegners.

- ∞   MIKUZURE, Angst vor dem Aussehen des Gegners.

- ∞   FUTANREN, unzulängliches Training.

Ein kampfbereiter Geist ist daher der Erfolgsfaktor. Man spricht dann auch häufig von Kampfgeist (KIHAKU 気迫). Diesen zu stärken, ist eine Frage des „Weges" (DO 道), da der

BASIS-TECHNIKEN – Taihen Waza 体変技   TAISHIN RYU KOBUJITSU 体心流古武術

„Weg" keine Grenzen kennt (DO WA MUGEN 道は無限). Inhalte des IAI WAZA bei den Holzwaffen (HANBO/TANBO/YAWARABO/TONFA, auch die Holzenden beim HOJO-Seil) sind das Ziehen der Waffe von der linken Hüftseite, der erste Schlag und das Zurückführen zum Ausgangspunkt.

Da im KENJITSU und TANTOJITSU oft mit scharfen Klingen geübt wird, gehören Gelassenheit, Selbstvertrauen und höchste Körperbeherrschung sowie das Einlassen auf den Trainingspartner dazu, um im Waffenumgang Perfektion sowie geistige und körperliche Harmonie zu erlangen. IAI WAZA-Inhalte speziell im KENJITSU und TANTOJITSU sind:

- ∞ NUKI TSUKE, das Herausziehen des Schwertes und der erste Schnitt.
- ∞ KIRI TSUKE, weitere Schnitte.
- ∞ CHIBURI, das Abschütteln von Blut.
- ∞ NOTO, das Zurückführen des Schwertes in das Saya.

Bei der Ausführung von NUKI TSUKE ist es sehr wichtig, beim Ziehvorgang des KATANA oder TANTO die ganze Konzentration des folgenden Schnittes auf JODAN, also auf Kopf, Hals oder obere Brust des Gegners zu richten, um ihn präzise und entscheidend (tödlich oder zumindest kampfunfähig) zu treffen. Dabei darf jedoch nicht zu viel Kraft eingesetzt werden. Vielmehr spielen Geschwindigkeit, Energiefluss und Präzision eine bedeutsame Rolle. Als Folgetechniken geschehen mit denselben Attributen dann auch die weiteren Schnitte und Stiche des KIRI TSUKE.

Mit CHIBURI schüttelt man das Blut ab, das an KATANA oder TANTO nach Schnitten und Stichen hängengeblieben ist. Dazu wird zunächst die linke Hand vom Schwertgriff genommen und diese auf die linke Seite zur SAYA gelegt. Die Kraft der rechten Hand wird zudem gelockert, KATANA oder TANTO leicht nach vorne gestreckt und dann im Kreis geführt. Dazu werden die Ellenbogen angewinkelt und die waffenhaltende Faust bis über die rechte Seite des Kopfes gebracht. Hierbei ist zu beachten, dass die Waffenspitzen leicht schräg nach hinten zeigen und nicht höher als die geschlossene Faust sind, damit kein Blut herunter laufen kann. Das rechte Bein steht dabei hinten. Anschließend lässt man die Waffenspitzen von KATANA oder TANTO links über den Kopf kreisen (vom ausführenden aus gesehen) und in einem Schwenkzug nach vorne, unten rechts schräg herabfallen. In diesem Moment ist etwaiges Blut abgeschüttelt.

Aus zuvor genannter Haltung (rechtes Bein hinten) folgt NOTO, durch zurückstecken von KATANA oder TANTO in die SAYA. Dazu zeigen bei aufrechtem Oberkörper und gleichmäßiger Gewichtverteilung beide Fußspitzen nach vorne und die Ferse des hinteren, rechten Beines ist leicht angehoben. Mittelfinger und Daumen der linken Hand umschließen die Öffnung (KOIGUCHI) der SAYA, so dass mit den Fingern ein Oval entsteht. Die SAYA wird leicht um 45° Grad nach links gedreht und nach hinten in den OBI geschoben. Gleichzeitig werden die Waffen-rücken von KATANA oder TANTO mit der stumpfen Seite aus der CHIBURI-Haltung auf das Fingeroval abgelegt und langsam am Griff, bis die Waffenspitzen die KOIGUCHI erreichen, nach vorne geschoben. Die Waffen werden zunächst mit der eigentlichen Spitze, dann aber bis zu ca. 90% der Länge mit einer Ausatmung (KOKYU 気迫)

in die SAYA zurückgesteckt. Hierzu wird das linke Knie leicht gebeugt und das rechte Bein wieder herangezogen. Das Klingenreststück wird nun, mit Blick (METSUKE 目付け) nach vorne, im Parallelstand mit rechtem Handballen in die SAYA gedrückt. NOTO ist beendet.

YAWARABOJITSU
柔棒術

2.5 Bewegungsschule – SABAKI 捌き

Im „TAISHIN RYU KOBUJITSU" versteht man unter „SABAKI" eine Bewegungsaktion, die sich aus der Kampftechnik als solcher und der Bewegung des Körpers im Raum zusammensetzt. Dies sind also Formen der Bewegung während der Angriffs-, Abwehr- und Konteraktion.
Insgesamt handelt es sich um die überwiegend bewaffnete Schrittarbeit aus der Dreiecks-Verteidigungsstellung (SANKAKU NO KAMAE / JIGOTAI DACHI) in alle möglichen Richtungen und erfolgt aus dem Körperschwerpunkt (SEIKA TANDEN) heraus.
Die Beinbewegungen (ASHI SABAKI 足捌き) als Schrittfolgen sind unterschiedlich. Sie können sowohl mit beidfüßigem 30°-Seitwärts gleiten (SAN JU KAKUDO HIRAKI ASHI 三十角度開き足 leicht um ca. 30° seitlich nach vorne aus der Angriffslinie heraus und sofort wieder um ca. 30° zum Gegner hin bewegen; das andere Bein ist jetzt vorne), als auch mit der Halbkreis-Schrittfolge (TAI SABAKI 体捌き) sowie fließend (UKU 浮く) als Gleitschritt (vorderes Bein vor, hinteres nachziehen: OKURI ASHI 送り足 oder hinteres Bein vor, vorderes vorziehen: TSUGII ASHI 次足), vorwärts (MAE 前), rückwärts (USHIRO 後ろ) und seitlich (YOKO 横) erfolgen, um einen Angriff (SEME 攻め), eine Abwehr (UKE 受け) oder Waffenhandhabung (SUBURI KEIKO) auszuführen.
TAI SABAKI kann mit „Körperbewegung" übersetzt werden, ist aber vielmehr eine aufrechte Körperdrehung, bei der man als Reaktion auf einen Angriff die Distanz (MAAI 間合) zum Angreifer verringert und dabei den eigenen Körper aus der Angriffslinie des Gegners dreht. Mit einer Abwehrtechnik folgen sofortige bewaffnete (BUKINOBU 武器之部) oder auch unbewaffnete (TOSHUNOBU 徒手之部) Kontertechniken (KYO WAZA 虚技), sobald sich die „Chance" (i.S.v. Konter) dafür ergibt.
Das Ausweichen soll ohne eine Distanzvergrößerung einen erneuten Angriff unmöglich machen, zumindest aber der Angriffsenergie entkommen und diese ggf. umlenken zu können.
Bei diesem „Ausweichmanöver" erfolgt eine 180°- Körperdrehung mit zwei Schrittfolgen. Das hintere Bein setzt sich bei dieser Drehbewegung neben das vordere und umgekehrt. Dabei verlagert sich der Schwerpunkt zunächst auf den vorderen Fuß und dann auf den hinteren. Der Oberkörper ist bei dieser Bewegung immer gerade und befindet sich über dem Körperschwerpunkt (SEIKA TANDEN), um einen Gleichgewichtsverlust durch die Rotation einschließlich der Fliehkräfte zu verhindern.

BASIS-TECHNIKEN – Taihen Waza 体変技

TAISHIN RYU KOBUJITSU 体心流古武術

KENJITSU 剣術

a) OKURI ASHI
   MAE vorwärts
   MIGI rechts

   MAE vorwärts
   HIDARI links

TANTOJITSU 短刀術

b) OKURI ASHI
   USHIRO rückwärts
   HIDARI links

   USHIRO rückwärts
   MIGI rechts

HANBOJITSU 半棒術

c) TSUGI ASHI
   MAE vorwärts

TANBOJITSU 短棒術

d) TSUGI ASHI
   USHIRO rückwärts
   HIDARI links

   TSUGI ASHI
   USHIRO rückwärts
   MIGI rechts

BASIS-TECHNIKEN – Taihen Waza 体変技

TAISHIN RYU KOBUJITSU 体心流古武術

TONFAJITSU
トンファー術

e) SAN JU KAKUDO
HIRAKI ASHI
MIGI rechts

HOJOJITSU
捕縄術

f) SAN JU KAKUDO
HIRAKI ASHI
HIDARI links

YAWARABOJITSU
柔棒術

g) TAI SABAKI

Kapitel 3:

Angriffstechniken – Seme Waza
攻め技

3.1 Arten des bewaffneten und unbewaffneten Angriffs

Unter dem Begriff „SEME" wird häufig lediglich der „Angriff" subsumiert. Es ist aber insgesamt eine sehr komplexe Angelegenheit und nicht nur ein „sich vorwärts bewegen", um physischen und psychischen Druck auf das Gegenüber auszuüben (was die reguläre Bezeichnung bzw. Übersetzung wäre). Vielmehr soll ein „sich bedrängt und angegriffen fühlen" und damit ein Gefühlszustand von Verunsicherung, Plan- und Hilflosigkeit, ja sogar Furcht und Entsetzen erzeugt werden. Aufgrund dieser erzeugten Ausgangsposition, führt das Gegenüber ohne eigene Vorbereitung wohlmöglich eine beabsichtigte, vorschnelle und unbedachte Aktion aus, die wiederum vom Angreifer für die eigene Aktion, nun aber bedacht und koordiniert, ausgenutzt und gezielt gekontert wird. Für die richtige Durchführung ist von Zeit zu Zeit ein gewisses Gespür zu entwickeln.
Daraus resultiert eine schlüssige Angriffskette mit SEME (攻め) ➔ HANNO (反応) ➔ WAZA (技) ➔ ZANSHIN (残心).
SEME erfolgt, um physischen und psychischen Druck auf das Gegenüber auszuüben und damit eine Reaktion (HANNO) zu erzwingen. Darauf folgt die eigene, beabsichtigte Technik (WAZA) als Gegenschlag und letztendlich das Beenden des Angriffs (ZANSHIN). Diese Kette wird hier als Angriffstechniken unter das SEME WAZA subsumiert.
SEME kann daher durchaus als „Angriff" angesehen werden. Es schließt sowohl körperliche und mentale Vorbereitungen als auch die eigentliche Ausführung zum „Angriff" mit ein. Im vorliegenden Waffensystem werden mit dem Begriff „SEME" sowohl die bewaffneten (BUKINOBU 武器之部) als auch die unbewaffneten (TOSHUNOBU 徒手之部) Angriffstechniken bezeichnet.
Die Facetten des Angriffs reichen von schlagen, stechen, stoßen bis schneiden bei den bewaffneten und von schlagen, treten bis stoßen bei den unbewaffneten Techniken des „TAISHIN RYU KOBUJITSU".

3.2 BUKINOBU SEME WAZA 武器之部攻め技 – bewaffnete Angriffstechniken

Der Bereich der jeweiligen bewaffneten Angriffstechniken ist sehr umfassend. Sie variieren zwischen den einzelnen Waffengattungen. Bei den Technikausführungen mit den verschiedenen Waffenarten sind daher Unterscheidungen zu treffen.
Mit den reinen „Schnittwaffen", wie beim TANTO- und KENJITSU, wird nicht „geschlagen" im eigentlichen Sinne, sondern hier erfolgen mit der geschliffenen scharfen Seite halbkreisförmige „Schnitte" (KIRI) und mit der Waffenspitze „Stiche" (TSUKI). Mit den Waffenden sind aber auch Schläge und Stöße (TSUKAGASHIRA UCHI und TSUKI), beispielsweise im Nahkampf, möglich.

Die halbkreisförmigen „Schnitte" beim TANTO- und KENJITSU können in der Ausführung beidseitig diagonal (URA / KESA KIRI), horizontal (YOHO KIRI) und jeweils senkrecht gerade abwärts (KIRI OTOSHI) sowie umgekehrt aufwärts (KIRI AGE) ausgeführt werden.
Die „Stiche" mit den Waffenspitzen können gerade (MAE TSUKI) oder im Halbkreis (MAWASHI TSUKI) erfolgen.

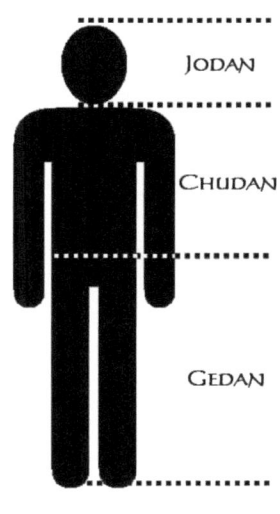

KÖRPERSTUFEN

Alle genannten Techniken können als Ziel die obere Stufe (JODAN = Kopf, Gesicht, Nacken, Schläfe, Hals(-schlagader), Kehlkopf, Kinnspitze, Ohren, pp.), mittlere Stufe (CHUDAN = Körpermitte/-seite, Solarplexus, Bauch, Leber, Nieren als ATEMI–Punkte, pp.) und/oder die untere Stufe (GEDAN = Genital, Beine, Füße, pp.) haben. Kombinationstechniken zielen beim Angriff auf verschiedene Stufen ab, um den Angriff unberechenbarer zu machen und die Abwehr der Angriffe zu erschweren. Verstärkt kann dies durch eine „Doppelbewaffnung" werden, indem jeweils zwei Waffenarten (entweder mit einer Waffenart, z.B. NI-TANTO oder als sogenannte „Mischbewaffnung", z.B. KATANA-TANTO) mit beiden Händen (MORO-TE) geführt werden. Schlag-Stich-Folgen können dann zu den verschiedenen Körperstufen wie JODAN - JODAN (oben - oben), JODAN - CHUDAN (oben - mittig), JODAN - GEDAN (oben - unten) und/oder JODAN - CHUDAN - GEDAN (oben - mittig - unten) sowie in anderen denkbaren Kombinationen erfolgen. Die genannten Techniken können auch noch mit umgekehrter Waffenhaltung (URA - KATA-TE / MORO-TE) und in rückwärtige Richtung (USHIRO) sowie aus dem Kniesitz (SEIZA) mit gleitender Fortbewegung auf den Knien (HIZA MAKI) zum Stand hin ausgeführt werden.

Techniken bei den anderen Holzwaffen (beim HOJO die vorhandenen Holzkugeln), wie dem HANBO-, TANBO-, TONFA-, YAWARABO- und HOJOJITSU werden überwiegend „geschlagen" (UCHI) und nicht „geschnitten" (KIRI). Dies ergibt sich aus der Materie und Waffenbeschaffenheit.

Differenziert betrachtet gibt es zwischen den genannten beiden Waffengattungen kaum Unterschiede. Lediglich die Bezeichnungen und Technikausfüh-rung (wie bereits dargestellt) sind verschieden.

Auch die zuvor aufgeführten Angriffs- und Körperstufen sind hier identisch. So können auch hier durchgeführte „Schläge" (UCHI) sowie „Stiche/Stöße" (TSUKI) mit den jeweiligen Waffen beidseitig mit einem Halbkreis-schlag/-stich (URA / MAWASHI UCHI / TSUKI), Horizontalschlag/-stich (YOKO UCHI / TSUKI), als sogenannter „Fächerschlag" (SENSU UCHI) und jeweils als senkrechter Abwärtsschlag/-stich (OTOSHI UCHI / TSUKI) sowie umgekehrt als Aufwärtsschlag/-stich (AGE UCHI / TSUKI) zu den jeweiligen Körperstufen (JODAN - CHUDAN - GEDAN) ausgeführt werden.

Schläge und Stöße mit den Waffnenden (TSUKAGASHIRA UCHI und TSUKI) sind auch hier im Nahkampf einsetzbar (im TONFAJITSU mit dem Knauf des Holzgriffes und im HOJOJITSU mit den Holzkugeln).

Ebenso können auch bei dieser Waffengattung die genannten Techniken mit umgekehrter Waffenhaltung (URA - KATA-TE / MORO-TE) und in rückwärtige Richtung (USHIRO) sowie aus dem Kniesitz (SEIZA) mit der gleitenden Kniefortbewegung (HIZA MAKI) zu einem Übergang in den Stand ausgeführt werden.

KENJITSU
剣術

a) KESA KIRI
   URA KESA KIRI
   Ryo-te

b) YOHO KIRI
   hidari - migi
   Ryo-te

TANTOJITSU
短刀術

a) KIRI OTOSHI
   TSUKI
   Kata-te

b) TSUKAGASHIRA
   TSUKI / UCHI
   Kata-te
   URA / KESA KIRI
   URA-Kata-te

HANBOJITSU
半棒術

a) JO-/CHU-/GE-DAN
   MAWASHI UCHI
   MAE TSUKI
   Ryo-te

b) JODAN SENSU UCHI
   MAE TSUKI
   Kata-te
   CHUDAN / GEDAN
   MAWASHI UCHI
   Moro-te

ANGRIFFSTECHNIKEN – Seme Waza 攻め技　　　　TAISHIN RYU KOBUJITSU 体心流古武術

TANBOJITSU
短棒術

a) GE-/CHU-/JO-DAN
MAWASHI UCHI
URA-Moro-te aus
Seiza mit Hiza Maki

TONFAJITSU
トンファー術

a) JO-/CHU-/GE-DAN
URA-MAWASHI UCHI
MAE/MAWASHI TSUKI
Moro-te

HOJOJITSU
捕縄術

URA JODAN MAWASHI
UCHI/TSUKAGASHIRA
MAE TSUKI
Moro-te

YAWARABOJITSU
柔棒術

URA JO-/CHU-/GE-DAN
MAWASHI UCHI/
MAE TSUKI/AGE UCHI
Kata-te

3.3 TOSHUNOBU SEME WAZA 徒手之部攻め技 – unbewaffnete Angriffstechniken

Man fragt sich sicherlich, was unbewaffnete Angriffstechniken in einer „alten Waffenkunst" zu suchen haben. Die Erklärung ist einfach: Einen Kampf auf Leben und Tod gewinnen zu müssen, ist eine Sache, es auch zu können eine andere. Die Art und Weise der Vorgehensweise hinterfragt später keiner mehr. Es zählt im Überlebenskampf nur das Ergebnis, nicht die Ästhetik. Im Duell mit Waffen gibt es i.d.R. nur einen Sieger. Wie zuvor bereits dargelegt, entstammt das „TAISHIN RYU KOBUJITSU" der „alten Kriegskunst", in der es nur darum ging, auf dem Schlachtfeld zu überleben. Es impliziert daher alle Techniken, die in diesem Sinne effizient, effektiv und pragmatisch sind. Das Gegenüber im Kampf mit Schlägen, Stößen, Tritten oder anderen unbewaffneten „Körpertechniken" (TAIJITSU 体術, wie wir später noch sehen werden, gehören dazu auch Würfe, Hebel, u.a.) aus dem Gleichgewicht zu bringen oder damit einen bewaffneten Angriff einzuleiten, sind effiziente, effektive und pragmatische Maßnahmen, um einen Kampf gewinnen zu können. In der Regel werden dazu die Beine (z.B. mit Fuß/-spann, Knie, Schienbein, u.a.), Arme (z.B. mit

Handkante/-ballen, Faust/-rücken, Fingerspitzen, Ellenbogen, u.a.) und insbesondere der freie Arm (beispielsweise bei einhändiger Waffenführung) oder sonstige Körperteile dazu eingesetzt, die Kampfesführung zu optimieren. Die unbewaffneten Körpertechniken zur Unterstützung der Waffentechniken zielen überwiegend auf empfindliche Körperstellen (ATEMI-TE 当身手; im Schaubild rechts sind einige Punkte angeführt; später im Bereich Theorie folgt noch eine ausführlichere Darstellung) ab, um das genannte Ziel der Destabilisierung, Gleichgewichtsbrechung, Schmerzerzeugung und damit auch annäherungsweise die Optimierung des effektiveren Waffeneinsatzes zu erreichen.

Die o.g. ATEMI-Punkte befinden sich am ganzen Körper und lassen sich ebenfalls in die genannten jeweiligen Körperstufen (JODAN - CHUDAN - GEDAN) einteilen. Die unbewaffneten Angriffstechniken können mit den beschriebenen Körperextremitäten als gerader Stoß (MAE TSUKI 前突き), als halbrunder Schlag/Stoß (MAWASHI UCHI/TSUKI 回し打ち / 突き = Schwinger oder mit SHUTO 手刀 der Schwerthand-Handkante als YOKOMEN UCHI 横面), Stich/Stoß (NUKITE-TSUKI 本貫手突き = Speerhand-Fingerstich), Aufwärtshaken (AGE UCHI 上げ打ち als Schlag oder als Stoß URA TSUKI 裏突き), Abwärtsschlag (OTOSHI UCHI 落とし打ち打ち z.B. mit GAIWAN 外腕 = Armaußenseite als sog „Hammerschlag" oder mit SHUTO der Handkante als SHOMEN UCHI 正面打ち) oder geraden bzw. runden Tritt zu den jeweiligen Körperstellen auf den verschiedenen Ebenen erfolgen. Innerhalb der „Körpertechniken" erfolgen eingesetzte Armtechniken (UDE WAZA 腕技) gewöhnlich

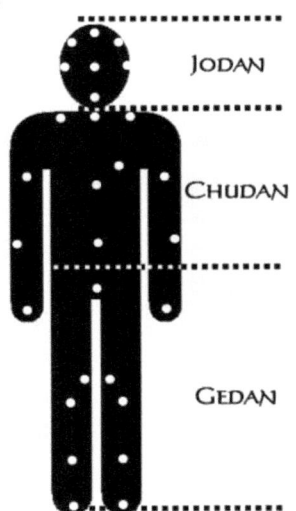

zum Bereich JODAN und CHUDAN, die Beintechniken (ASHI WAZA 足技) zudem auch zum GEDAN –Bereich.

Wird bei den Waffenarten die Waffe einhändig (KATA-TE) geführt, kann der freie Arm waffenlose Körpertechniken (mit Faust, Faustrücken, Handballen, Handkante, Fingerspitzen u.a. siehe oben) ausführen. Bei allen Waffenarten können Beintechniken fast immer eingesetzt werden, auch bei beidhändiger (RYO-TE) sowie bei Waffenführung mit beiden Händen (MORO-TE). Dies gilt zudem ebenso für die Anwendung von Ellenbogentechniken (EMPI WAZA 猿臂技), da hier die Arme unabhängig von der Waffenführung bzw. zusätzlich eingesetzt werden können. Die waffenlosen Körpertechniken stellen somit eine sinnvolle Ergänzung und Bereicherung der eigentlichen Waffentechniken dar.

KENJITSU
剣術

a) KESA KIRI
CHUDAN MAE GERI
URA KESA KIRI
Ryo-te

ANGRIFFSTECHNIKEN – Seme Waza 攻め技

TAISHIN RYU KOBUJITSU 体心流古武術

b) YOHO KIRI - HIDARI
   CHUDAN YOKO GERI
   YOHO KIRI - migi
   Ryo-te

TANTOJITSU
短刀術

a) KIRI OTOSHI
   JODAN TATE TSUKI
   KIRI AGE
   Kata-te

b) TSUKAGASHIRA
   TSUKI / JODAN
   MAWASHI UCHI
   UCHI
   Kata-te

HANBOJITSU
半棒術

a) JODAN
   MAWASHI UCHI
   MAWASHI GERI
   MAE TSUKI
   Ryo-te

b) CHUDAN
   MAE TSUKI
   USHIRO YOKO GERI
   MAWASHI UCHI
   Moro-te

TANBOJITSU
短棒術

a) JODAN
   MAWASHI UCHI
   MAE GERI / EMPI UCHI
   MAWASHI UCHI
   URA-Moro-te

b) GEDAN
   MAWASHI UCHI
   MAWASHI GERI
   AGE UCHI & TSUKI
   Kata-te

ANGRIFFSTECHNIKEN – Seme Waza 攻め技

TONFAJITSU
トンファー術

a) CHUDAN
  MAWASHI UCHI
  MAE GERI / HIZA GERI
  MAE TSUKI
  Moro-te

b) CHUADAN
  MAE TSUKI
  SHOTEI MUNE TSUKI
  MAWASHI TSUKI / UCHI
  Ryo-te / Kata-te

HOJOJITSU
捕縄術

a) JODAN
  MAWASHI UCHI
  NUKITE TSUKI /
  YOKOMEN
  URA MAWASHI UCHI
  Moro-te

b) JODAN
  OTOSHI UCHI
  TATE TSUKI /
  SHOMEN UCHI
  AGE UCHI
  Moro-te

YAWARABOJITSU
柔棒術

b) JODAN
  MAE GERI
  MAWASHI UCHI
  EMPI UCHI
  MAE TSUKI
  Moro-te

b) JODAN
  AGE UCHI / MAE TSUKI
  URAKEN UCHI
  URA-MAWASHI UCHI
  URA-Moro-te

Kapitel 4:

Abwehrtechniken – Uke Waza 受け技

4.1 Arten der bewaffneten und unbewaffneten Abwehr

„UKE WAZA" bedeutet übersetzt soviel wie „empfangende Techniken" und sind daher diejenigen Techniken, die man „erhält", bzw. „empfängt", bzw. vielmehr „auffängt" und in dieser Aktionsphase pariert. Es ist die Gruppe sämtlicher Verteidigungs- und Abwehrtechniken, die bewaffnete und unbewaffnete Angriffstechniken (SEME WAZA) sowohl mit entsprechenden Waffentechniken der jeweiligen Waffengattungen bewaffnet als auch mit reinen Körpertechniken (mit der Hand, dem Arm oder Bein sowie mit beiden Körperteilen oder gleichzeitig mit Hand/Arm und Bein) unbewaffnet abgewehrt werden.

Entsprechend der Art und Weise des jeweiligen Angriffs richten sich auch hier die Abwehrtechniken zur oberen, mittleren oder unteren Stufe des Körpers (JODAN UKE - Hochblock – CHUDAN UKE - Mittelblock – GEDAN UKE - Tiefblock). Nach der Art ihrer Bewegung klassifiziert man diese Techniken von unten nach oben (AGE UKE), von oben nach unten (OTOSHI UKE), von innen nach außen (UCHI UKE) sowie umgekehrt (SOTO UKE).

Zu den Grundregeln des UKE WAZA gehört es, die Grundschule (KIHON, KIHON-KATA, KIHON-KUMITE) so lange zu üben, bis sie zum unbewussten Teil des Bewegungssystems wird, d.h. automatisiert und verinnerlicht ist.

Die Abwehrtechniken werden bis zur Ausschaltung und anschließenden Fixierung des Gegners durchgeführt. Sie dürfen nicht zugunsten freier Abwehrformen im Kampf vernachlässigt werden. Dies findet erst im fortgeschrittenen Training Berücksichtigung, wenn sich die Grundschule verfestigt hat. Die Ausführungen der Abwehrtechniken können nur als Ganzkörperbewegungen inkl. der Bewaffnung verstanden werden, d.h. dass sich der gesamte Körper (inkl. der jeweiligen Waffe) im rechten Verhältnis zum Angriff bewegt. Sie sind dann am wirkungsvollsten, wenn sie die Kraft des Gegners zum eigenen Vorteil ausnutzen und ggf. weiterleiten.

Aus diesen Gründen sollte man sich dieser Kraft nicht widersetzen, sondern vielmehr versuchen, sie zu lenken und den gegnerischen Angriff in seiner Anfangsphase abzuwehren, weil dann die Kraft am geringsten und die Abwehr am wirkungsvollsten ist.

4.2 BUKINOBU UKE WAZA 武器之部受け技 – bewaffnete Abwehrtechniken

Die Gruppe der bewaffneten Abwehr ist ebenso umfassend und variiert innerhalb der einzelnen Waffengattungen. Abwehrtechniken aus der knienden Position (HIZA) und mit umgekehrter Waffenhaltung (URA) bestehen hier ebenso. Es sind wie beim SEME WAZA in den verschiedenen Waffenarten Unterschiede festzustellen. Diese Unterschiede betreffen sowohl die Waffenbeschaffenheit als auch die Waffe selbst.

Bei den „Schnittwaffen" wird beispielsweise bei den Abwehrtechniken des KENJITSU überwiegend die Klingenrückseite (MUNE) des KATANA´S verwendet. Dort ist die Legierung weicher und speziell dafür so fabriziert, dass sie Schwertangriffe damit aufnehmen und besser parieren kann. Treffen die scharfen Seiten aufeinander, kann es zu Absplitterungen der Klinge kommen. Im TANTOJITSU wird hingegen überwiegend mit der scharfen Seite (HASAKI) abgewehrt, da die Abwehr in Form eines Schnittes Richtung Waffenarm erfolgt, wobei es mehr eine schlagend stoßende Bewegung ist. Abwehrtechniken mit der stumpfen Rückseite sowie mit der seitlichen Fläche bzw. Messerseite (SOKUMEN) sind auch vorgesehen.

Im Bereich der „Holzwaffen" (HANBO, TANBO, TONFA und YAWARABO) findet man im direkten Vergleich zu den „Schnittwaffen" kleine Unterschiede in der Abwehr. Aber auch zwischen den verschiedenen Holzwaffen selbst. Schlagend stoßende Abwehrbewegungen gibt es hier weniger, dafür aber solche, die fächerartigen Bewegungen ähneln und demzufolge auch diesen Namen (Fächerabwehr: SENSU UKE) tragen. Diese Abwehrform ist auch bei den „Schnittwaffen" zu finden (insbesondere zur Stichabwehr).

Im Ganzen wird mit „Holzwaffen" versucht, die gesamte Länge des Waffenkörpers (MONOUCHI) zum Block einzusetzen. Das gelingt unter Einbindung beider Hände (außer bei der einhändigen Schlagabwehr, KATA-TE UCHI UKE und Fächerabwehr, KATA-TE SENSU UKE). Die eine Hand hält die Waffe, die andere unterstützt den Block. Im TONFAJITSU hält eine Hand den Griff (NIGIRI bzw. TSUKA) fest und die andere drückt auf den Griffknauf (GASHIRA bzw. TSUKAGASHIRA), um den Druck der Waffenoberseite (JOMEN) auf den Unterarm und damit den Block mit der Waffenunterseite (MONOUCHI ZOKO) zu gewährleisten.

Im TANBOJITSU wird hingegen die zweite Hand zur Druckabfederung des Angriffsschlages in etwa der Mitte des Stockes durch den Handballen (Frontalblock, MORO-TE MAE UKE) oder die Handkante (Block nach oben, MORO-TE AGE UKE) zum Block eingesetzt. Im HANBOJITSU können zudem die Stockenden (KONTEI bzw. SAKI) und Stockmitte (CHUKON-BU bzw. MOTO) mit beiden Händen zum Block eingesetzt werden, indem der HANBO etwa jeweils am Anfang und Ende des zweiten Drittels gehalten wird.

Ferner gibt es hier eine beidhändig, schlagend stoßende Abwehr (RYO-TE UCHI UKE). Diese Abwehrform ist einhändig mit dem YAWARABO auch möglich. Dort wird die freie Hand zur Blockunterstützung eingesetzt. Sie kann aber auch den Hauptblock durchführen, wobei die Waffe selbst auf vitale Punkte zur Schockerzeugung eingesetzt wird. Der YAWARABO ist eine flexible Waffe, die in der Hand versteckt werden kann. Nur die Spitzen und Enden der Waffe (KONTEI bzw. SAKI) ragen aus der geschlossenen Hand hinaus und werden zur Abwehr (aber auch zum Angriff, wie vor) eingesetzt. Deutlich wir hier, warum von der „Verlängerung des Armes" gesprochen wird. Wobei prägnanter die Bezeichnung „Verbesserung des Armes" wäre.

Im HOJOJITSU wird das Seil mit beiden Händen gehalten (MORO-TE), Schwünge mit den Seilenden (Holzknauf) sind aber auch als Angriffsvariante einhändig möglich (KATA-TE). Nur die Abwehr erfolgt ausschließlich beidhändig (RYO-TE) möglich. Dazu wird zwischen den haltenden Händen ca. 2-3 Handbreiten individuell und der Person angemessen Platz. Das Seil dazwischen wird vor der Abwehr locker und ohne Spannung gehalten. Erst zum Zeitpunkt des Blockes wird es mit beiden Händen gespannt und der Angriff wird dadurch leicht abgefedert. Dies ermöglicht i.d.R. gute Folge- und Weiterführungstechniken.

ABWEHRTECHNIKEN - Uke Waza 受け技

Egal wie der Angriff erfolgt, ob un- oder bewaffnet, ob als Schlag oder Tritt, ob von oben, seitlich oder unten, die effiziente Abwehr folgt auf dem Fuß. Im Straßenkampf kann das Seil mit einem Gürtel getauscht werden, den man i.d.R. trägt und ist damit als „Waffe" i.e.S. flexibel, praktisch und realitätsnah.

KENJITSU 剣術

a) JODAN MAE UCHI UKE
Ryo-te

b) JODAN AGE UKE
Ryo-te

TANTOJITSU 短刀術

a) JODAN SENSU UCHII UKE (innen)
Kata-te

ABWEHRTECHNIKEN - Uke Waza 受け技

TAISHIN RYU KOBUJITSU 体心流古武術

b) JODAN SENSU
  SOTO UKE (außen)
  Kata-te

HANBOJITSU
半棒術

a) JO-/GE-/CHU-DAN
  MAE UCHI UKE /
  YOKO AGE UKE
  Ryo-te

b) JODAN / GEDAN
  MAE / UCHI SAKI UKE
  CHUDAN
  MAE MOTO UKE
  Moro-te

ABWEHRTECHNIKEN – Uke Waza 受け技

TANBOJITSU
短棒術

Jo-/Chu-/Ge-dan
Age/Yoko/Uchi Uke
Ura-Moro-te aus
Seiza mit Hiza maki

TONFAJITSU
トンファー術

Jo-/Chu-/Ge-dan
Age/Yoko/Uchi Uke
Ura-Moro-te aus
Seiza mit Hiza maki

HOJOJITSU
捕縄術

Jodan/Chudan
Nibai Age /
Yoko Uchi
Gedan Nibai Uke
Moro-te

YAWARABOJITSU
桑棒術

JODAN
MAE UCHI / SENSU UKE
GEDAN UKE
Kata-te

4.3 Toshunobu Uke Waza 徒手之部受け技 – unbewaffnete Abwehrtechniken

Der Leser wird sich sicherlich auch hier fragen, warum unbewaffnete Abwehrtechniken in einer „Waffenkunst" enthalten sind. Die Antwort ist ebenso einfach wie nachvollziehbar: Bei der einhändigen Waffenführung (KATA-TE) ist ja die andere Hand bzw. der andere Arm frei, d.h. unbewaffnet. Die bzw. dieser kann daher im Kampf sinnvoll eingesetzt werden. Wenn schon damit Angriffe ausgeführt werden können, dann sicherlich auch „unbewaffnete Abwehrtechniken", die einerseits die bewaffnete Abwehr unterstützen sowie andererseits eigenständig un- und/oder bewaffnete Angriffe separat abwehren können.

Im „TAISHIN RYU KOBUJITSU" wird der ganze Körper zum Angriff und zur Abwehr eingesetzt und nicht nur die Waffen. Die „Waffenkunst" ist auch eine „Körperkunst" und damit ein ganzheitliches System, was seine Wurzeln in den japanischen Kriegskünsten (BUJITSU) hat und demzufolge auch für die Praxis der Gegenwart tauglich ist.

Wie bei den Angriffstechniken können zur Abwehr sowohl die Beine (GEDAN SOTO / UCHI ASHI UKE, i.d.R. mit den Schienbeinen durch eindrehen nach außen oder innen) als auch die Arme (TEISHO, HAISHU, SHUTO, GAIWAN, SHUWAN und EMPI UKE z.B. mit Innenhand, Handrücken/-kante/-ballen, Unterarm innen und außen, Ellenbogen, u.a.), aber auch der bewaffnete Arm (z.B. mit Ellenbogen) dazu eingesetzt werden.

Beide Armseiten (also die un- und bewaffnete Seite) können dazu (auch wenn nötig mittels der Beine) abwechselnd agieren. Blocks können in diesem Zusammenhang grob und abrupt erfolgen, aber auch zur Bewegungskontrolle am Gegenüber sichernd und „klebend". Diese „klebenden" Abwehr-techniken (KAKIE WAZA) kommen eigentlich aus dem unbewaffneten Kampf, können aber auch im bewaffneten Kampf (auch als Mix) verwendet werden.

In den unbewaffneten bzw. „leere Hand"- Kampfstilen (KARA-TE) der japanischen Insel OKINAWA wurden beispiels-weise ursprünglich (auch teilweise heute noch) parallel dazu häufig auch die Waffenstile (KOBUDO bzw. KOBUJITSU) trainiert und miteinander verbunden. Beides ergänzte sich und bereicherte das andere. Da das Gegenüber neben den Waffen den ganzen Körper zum Angriff einsetzen kann, ist dies sicherlich adäquat auch für die Abwehr so zu nutzen.

Das Spektrum der Angriffstechniken, das sehr umfassend ist, haben wir ja schon kennengelernt. Insbesondere die KAKIE WAZA unterstützen die Abwehr bei der Sicherung des Waffenarmes, indem kinetische Angriffsenergie aufgefangen und zu Kontrolltechniken weitergeleitet wird. Im Einzelnen kann die unbewaffnete Abwehr mit Armen/Händen (UDE/TE UKE) gegen un-/bewaffnete Angriffe durch:

- ∞ Handfegen nach außen und innen (SOTO/UCHI TE-NAGASHI) gegen geraden Fauststoß und Fußtritt,
- ∞ Handrücken- und Kreuzabwehr (HAISHU und JUJI TEISHO UKE) gegen gerade Fauststöße, Schwinger, abwärts geführte Schläge zum Kopf, geraden und seitlichen Fußtritten,
- ∞ Unterarmaußen- und Unterarmunterseitenabwehr (GAIWAN und SHUWAN UKE) gegen Leberhaken,
- ∞ Handinnenflächenabwehr (TEISHO UKE) gegen Ellenbogenstoß und Faustrückenschlag, durch Handkantenabwehr (SHUTO UKE) gegen Leber- und Aufwärtshaken, sowie
- ∞ Ellenbogenabwehr (EMPI UKE) gegen Halbkreisfußstoß und Schwinger erfolgen.

Später werden diese Techniken in der „freien" Abwehr (JIYU UKE) geübt, um einen Automatismus zu erzeugen.

KENJITSU
剣術

a) JODAN MAE UCHI UKE
GEDAN UCHI
ASHI UKE
KESA KIRI
Ryo-te

ABWEHRTECHNIKEN – Uke Waza 受け技 TAISHIN RYU KOBUJITSU 体心流古武術

b) JODAN AGE UKE
GEDAN SOTO
ASHI UKE
URA KESA KIRI
Ryo-te

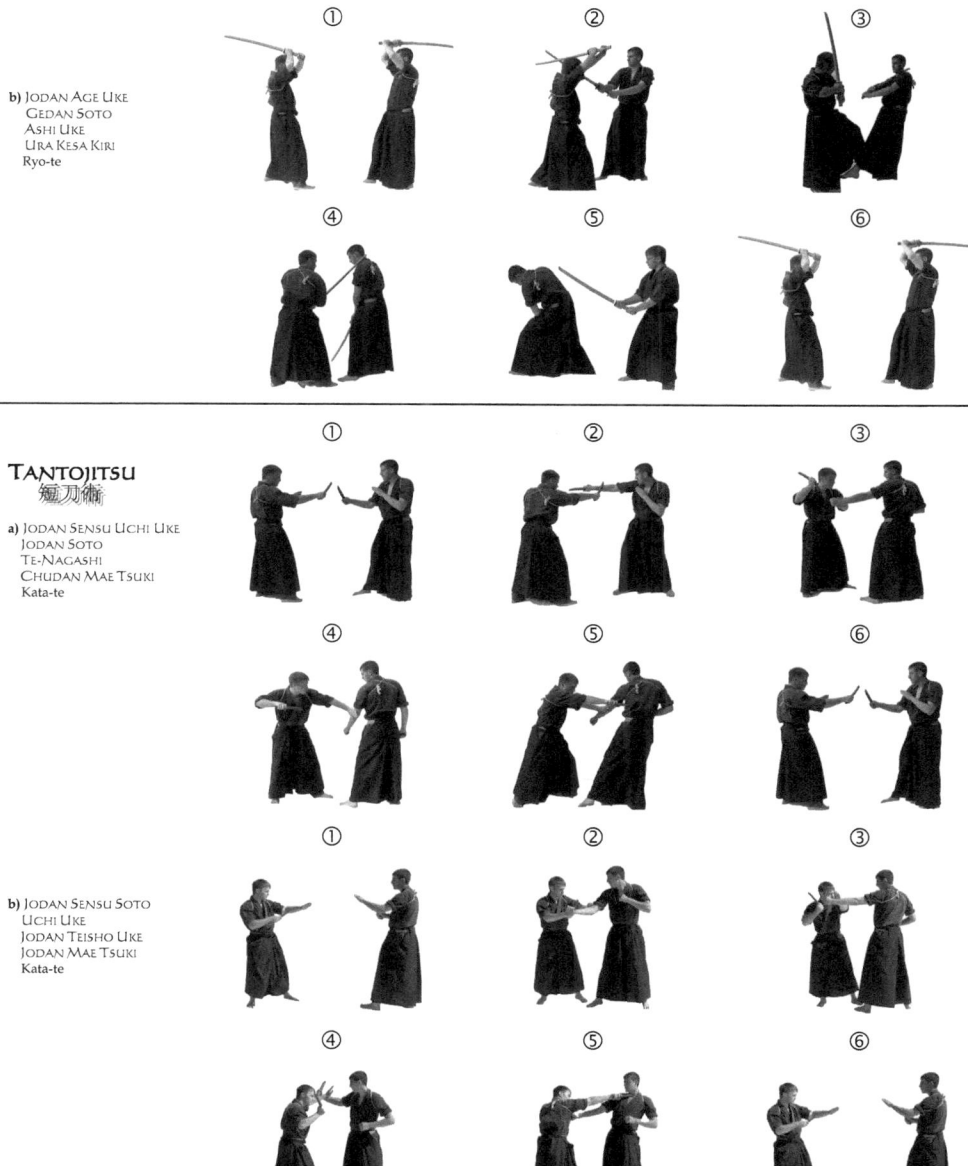

TANTOJITSU
短刀術

a) JODAN SENSU UCHI UKE
JODAN SOTO
TE-NAGASHI
CHUDAN MAE TSUKI
Kata-te

b) JODAN SENSU SOTO
UCHI UKE
JODAN TEISHO UKE
JODAN MAE TSUKI
Kata-te

ABWEHRTECHNIKEN – Uke Waza 受け技　　　　TAISHIN RYU KOBUJITSU 体心流古武術

HANBOJITSU 半棒術

a) JODAN / CHUDAN
　AGE / YOKO AGE UKE
　JODAN EMPI UKE
　JODAN MAE TSUKI
　Kata-te

① 　② 　③

④ 　⑤ 　⑥

b) CHUDAN
　SENSU /
　YOKO UCHI UKE
　SHUWAN UKE
　JODAN MAWASHI UCHI
　Moro-te

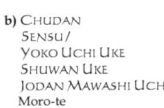

① 　② 　③

④ 　⑤ 　⑥

TANBOJITSU 短棒術

a) JODAN / GEDAN
　UCHI UKE
　JODAN GAIWAN UKE
　URA MAWASHI UCHI
　Moro-te

① 　② 　③

④ 　⑤ 　⑥

ABWEHRTECHNIKEN - Uke Waza 受け技

b) CHUDAN
SENSU / YOKO UCHI UKE
SHUWAN UKE
JODAN MAWASHI UCHI
Moro-te

TONFAJITSU
トンファー術

a) CHUDAN / GEDAN
SENSU UCHI UKE
JODAN SHUTO UKE
MAE TSUKI
Kara-te

b) JODAN / CHUDAN
AGE / MAE UKE
JODAN GAIWAN UKE
JODAN MAWASHI UCHI
Moro-te

ABWEHRTECHNIKEN – Uke Waza 受け技

HOJOJITSU
捕縄術

a) JODAN / CHUDAN
NIBAI MAE UKE
GEDAN UCHI
ASHI UKE
NE-WAZA
Moro-te

①  ②  ③

④  ⑤  ⑥

b) JODAN AGE UKE
GEDAN UCHI
ASHI UKE
GEDAN NIBAI UKE
NE-WAZA
Moro-te

①  ②  ③

④  ⑤  ⑥

YAWARABOJITSU
柔棒術

b) JODAN
MAE UCHI UKE
JODAN UCHI
TE NAGASHI
JODAN MAWASHI UCHI
Moro-te

①  ②  ③

④  ⑤  ⑥

ABWEHRTECHNIKEN – Uke Waza 受け技

TAISHIN RYU KOBUJITSU 体心流古武術

b) GEDAN
  UCHI UKE
  JUJI TEISHO /
  GAIWAN UKE
  MAWASHI UCHI
  Moro-te

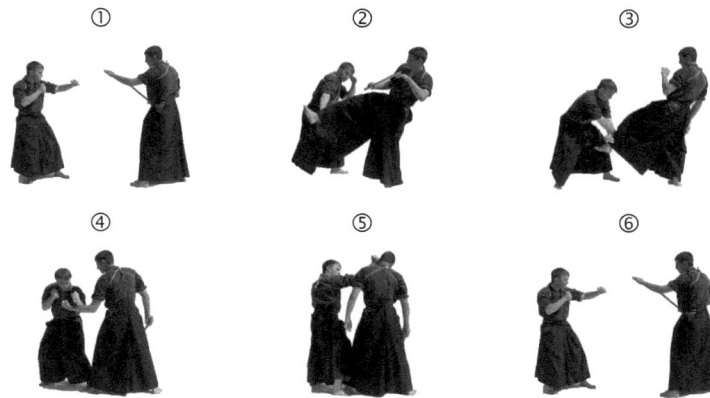

Kapitel 5:

Wurftechniken – Nage Waza 投げ技

5.1 Arten der bewaffneten und unbewaffneten Würfe

Als NAGE WAZA bzw. Wurftechniken gelten im BUDO die Techniken, bei denen das Gegenüber geworfen, auf sonstige Weise zu Boden gebracht und zuvor sein Gleichgewicht gebrochen wird. Wurftechniken sind nur dann möglich, wenn man selbst im Stand das Gleichgewicht hält und das des Gegenübers bricht (KUZUSHI).

Das Gleichgewicht bricht man immer in die schwächste Richtung der gegnerischen Stellung. Man setzt beständig und beharrlich die Kraft des ganzen Körpers, von der Körpermitte (HARA) ausgehend, ein. In diesem Zusammenhang ist das Beherrschen des eigenen Schwerpunktes oft wichtiger, als die Technik selbst. Bei der Ausführung wird die Gegenkraft ausgenutzt und weitergeleitet, indem man zieht, wenn man gedrückt wird und umgekehrt. Mit diesem Prinzip umgehen zu können, ist die Grundlage des Werfens.

Bei der Wurftechnik folgt zuerst das Gleichgewichtsbrechen (KUZUSHI), dann der Eingang in die Technik (TSUKURI) und letztlich das Ausführen der Technik selbst (KAKE). Die verschiedenen Wurftechniken lassen sich auch in die Waffenkunst einbauen und dort sowohl bewaffnet als auch unbewaffnet (z.B. mit der unbewaffneten Armseite oder bei Verlust der Waffe) ausführen. Wie heißt es so schön „der Zweck heiligt die Mittel", Hauptsache man obsiegt!

5.2 BUKINOBU NAGE WAZA 武器之部投げ技 – bewaffnete Wurftechniken

Wie bereits zuvor angeführt, sind im „TAISHIN RYU KOBUJITSU" Wurftechniken mit Einsatz der jeweilgen Waffen vorgesehen und sogar ein probates Mittel, um den Ausgang einer bewaffneten Auseinandersetzung zu seinen Gunsten zu entscheiden. Oft reicht schon die Gleichgewichtsbrechung, um sich im Kampf einen Vorteil zu verschaffen. Gelingt es sogar unter Ausnutzung der Waffe das Gegenüber durch einen vollständigen Wurf zu Boden zu bringen, ist die Entscheidung des Kampfes zum eigenen Vorteil überwiegend unumgänglich. Das Gegenüber ist in der Wurfphase i.d.R. durch das Fallen so mit sich selber beschäftigt, das Folgetechniken des Ausführenden nur noch Formsache sind. Dennoch birgt diese Vorgehensweise aber auch einige Risiken und darüber hinaus auch einiges an Können, um solche Techniken unbeschadet ausführen zu können. Um nämlich einen Wurf ausführen zu können, ist der „Nahkampf" mit kurzer Distanz erforderlich. Je nach Waffe sind auch die Distanzen unterschiedlich. Im Waffenkampf mit dem YAWARABO ist naturgemäß durch die Größe und Länge der Waffe der Abstand zum Gegenüber auch entsprechend kurz. Hier findet normalerweise ein direkter Körperkontakt statt und der Übergang zur Folge- und Ergänzungstechnik, wie dem NAGE WAZA, erfolgt dann auch entsprechend aus dieser Nahdistanz, ähnlich den waffen-losen Kampfkünsten (wie dem TAIJITSU). Ähnliches gilt auch beim Einsatz des TANTO. Lediglich durch die Beschaffenheit der Waffe (scharfe Klinge) ist Achtsamkeit hinsichtlich der Selbstverletzungsmöglichkeit zu walten. Eingänge zum Wurfansatz und zur Gleichgewichtsbrechung sind daher mit Bedacht zu wählen. Hingegen bei den längeren Waffenarten wie dem KATANA und HANBO ergeben sich beim Eingang und Übergang zu den Wurftechniken Unterschiede. Darüber hinaus bestehen zwischen diesen beiden Waffen ebenfalls beträchtliche Unterschiede bei der Wurfaus-führung. Zunächst muss bei beiden Waffen eine größere Distanz zum Angreifer überbrückt werden, um überhaupt eine Wurftechnik ausführen zu können. Dies setzt voraus, dass gewöhnlich ein Angriff pariert wird und dadurch versucht wird, die Distanz zum Gegen-über zu verkürzen. Ähnlich dem TANTO ist das KATANA ein „großes scharfes Messer"! Der Eingang zum Wurf und die Gleichgewichtsbrechung muss daher so bedacht werden, dass eine Verletzung mit dem eigenen Schwert oder mit dem des Gegners unmöglich ist. Dazu muss beim Parieren das Schwert des Gegners so blockiert werden, dass er es nicht mehr einsetzen kann und der Wurf unbeschadet möglich wird. Aus diesem Grunde werden Wurftechniken im KENJITSU überwiegend mit einem freien Arm ausgeführt. Die andere Hand hält die Waffe und kontrolliert die Waffe des Gegners. Nach dem Wurf folgen finale Stich- und/oder Schnitttechniken, um die Auseinandersetzung zu beenden. Der HANBO kann hingegen ungehindert dieser Gefahren und sogar als Hilfsmittel zur Gleichgewichtsbrechung sowie für den eigentlichen Wurf eingesetzt werden. Wozu er sich auch hinsichtlich seiner langen Hebeleigenschaften auch bestens eignet. Fast denkungsgleich können diese getroffenen Aussagen auch für den TANBO übernommen werden. Aufgrund der kürzeren Beschaffenheit der Waffe ist zudem der Einsatz von Wurftechniken im Nahkampf wegen der geringeren Distanzüberbrückung sogar noch besser geeignet. Wurftechniken mit dem TANBO sind sehr wirkungsvoll. Ebenfalls als Nahkampfwaffe eignet sich der TONFA auch gut für Wurftechniken. Da aber der Hauptteil des Waffenkörpers (MONOUCHI) den Arm für den Block abdeckt und nicht wie beim TANBO als „Hebelwerkzeug" eingesetzt werden kann, werden hier die Wurftechniken mit dem TONFA als „Druckverstärker" ausgeführt, ähnlich der „waffenlosen" Ausführung. Nur Wurftechniken beim HOJOJITSU unterscheiden sich insgesamt von den anderen Waffenarten, gleichen sich aber der „waffenlosen" Ausführung an. Das Seil übernimmt dabei die Funktion der Arme. Zunächst werden Angriffe mit dem Seil abgewehrt, sowie gleichzeitig die Hände und Arme des Angreifers mit dem Seil durch umwickeln kontrolliert und blockiert. Durch Zugkraft auf die entsprechenden Seilenden erfolgen die Gleich-gewichtsbrechung und der anschließende Wurf. Am Boden kann das Gegenüber durch weitere Fesselungstechniken völlig unter Kontrolle gebracht und fixiert werden. Auch hier sind Wurftechniken adäquate und wirkungsvolle Techniken für den Waffenkampf.

5.3 TOSHUNOBU NAGE WAZA 徒手之部投げ技 – unbewaffnete Wurftechniken

Wenn man der Philosophie einiger BUDO-Meister Glauben schenken darf, dass die „Waffenkunst" nichts anderes sei als die „Körperkunst" mit verlängertem bzw. bewaffneten

Arm, dann wäre es demnach unerheblich, ob man im bewaffneten Kampf die zuvor genannten Wurftechniken bewaffnet und/oder unbewaffnet ausführt. Dass die verschiedenen Wurftechniken sich nicht nur in die Waffenkunst einbauen, sondern dort auch unbewaffnet ausführen lassen, wurde bereits ausgeführt.

Dies ist bei Verlust der Waffe der Fall, aber auch generell mit der unbewaffneten Armseite möglich, weil im realen Waffenkampf der ganze Körper eingesetzt wird. Mit der jeweiligen Waffe wird geblockt und mit der freien Armseite die Wurftechnik ausgeführt. Eine sicherlich wirkungsvolle Kombination, wenn man die Technik dazu beherrscht. Dazu sind ein langjähriges Training, große Koordinationsfähigkeiten, ein sicheres Gespür für die Situation sowie ein umfangreicher Erfahrungsschatz erforderlich, um im richtigen Moment, die richtige Technik, hier den unbewaffneten Wurf, auszuführen, obwohl das Gegenüber bewaffnet ist. Unerheblich ist es daher nicht.

Im „TAISHIN RYU KOBUJITSU" stehen beispielsweise allgemein folgende unbewaffnete Wurftechniken u.a. mit Bein, Hüfte, Hand/Schulter zur Verfügung:

- ASHI-NAGE   ⇨ BEIN-/FUßWÜRFE: Würfe, bei denen mit dem Bein/Fuß geworfen wird.
- GOSHI-NAGE   ⇨ HÜFTWÜRFE: Würfe, bei denen mit der/über die Hüfte geworfen wird.
- TE-/KATA-NAGE   ⇨ HAND-/ SCHULTERWÜRFE: Würfe, bei denen mit der/über die Hand/Schulter geworfen wird.
- MA-SUTEMI-NAGE   ⇨ SELBSTFALLWÜRFE hinten: Würfe, bei denen man sich nach hinten fallen lässt und wirft.
- YOKO-SUTEMI-NAGE   ⇨ SELBSTFALLWÜRFE seitlich: Würfe, bei denen man sich zur Seite fallen lässt und wirft.

BUKINOBU NAGE WAZA 武器之部投げ技 / TOSHUNOBU NAGE WAZA 徒手之部投げ技
⇨ be- & unbewaffnete Wurftechniken

① ② ③

KENJITSU
剣術

a) JODAN MAE UCHI UKE
O SOTO GARI
GEDAN OTOSHI
TSUKI
Ryo-te
BUKINOBU

WURFTECHNIKEN – Nage Waza 投げ技

TAISHIN RYU KOBUJITSU 体心流古武術

b) JODAN AGE UKE
   O GOSHI
   KIRI OTOSHI
   Ryo-te / Kata-te
   TOSHUNOBU

TANTOJITSU 短刀術

a) JODAN SENSU UCHI UKE
   HARAI GOSHI
   TSUKI OTOSHI
   Kata-te
   BUKINOBU

b) JODAN SENSU SOTO UKE
   O UCHI GARI
   GEDAN TSUKI
   OTOSHI
   Kata-te
   TOSHUNOBU

WURFTECHNIKEN – Nage Waza 投げ技

TAISHIN RYU KOBUJITSU 体心流古武術

HANBOJITSU 半棒術

a) CHUDAN YOKO AGE UKE
 SEOI NAGE
 GEDAN MAE TSUKI
 Ryo-te / Kata-te
 BUKINOBU

b) GEDAN UCHI UKE
 KO SOTO GARI
 GEDAN YOKO TSUKI
 Moro-te / Kata-te
 TOSHUNOBU

TANBOJITSU 短棒術

a) CHUDAN MAE UKE /
 JODAN AGE UKE
 GYKU O GOSHI
 GEDAN MAWASHI USHI
 Moro-te
 BUKINOBU

Wurftechniken – Nage Waza 投げ技

TAISHIN RYU KOBUJITSU 体心流古武術

b) JODAN SENSU
   UCHI / SOTO UKE
   SUKUI NAGE
   GEDAN MAWASHI UCHI
   URA-Kata-te
   TOSHUNOBU

TONFAJITSU
トンファー術

a) JODAN AGE UKE
   KO UCHI GARI
   GEDAN MAWASHI UCHI
   Moro-te
   BUKINOBU

b) JODAN MAE UKE
   HANE GOSHI
   GEDAN MAE TSUKI
   Kata-te
   TOSHUNOBU

WURFTECHNIKEN – Nage Waza 投げ技

TAISHIN RYU KOBUJITSU 体心流古武術

HOJOJITSU 捕縄術

a) JODAN NIBAI MAE UKE
KATA GURUMA
NE-WAZA
Moro-te
BUKINOBU

b) GEDAN NIBAI UKE
GEDAN UCHI
ASHI UKE
NE-WAZA
Moro-te / Kata-te
TOSHUNOBU

YAWARABOJITSU 柔棒術

a) JODAN MAE UCHI UKE
GYAKU SEOI NAGE
GEDAN TSUKI
OTOSHI
Moro-te
BUKINOBU

WURFTECHNIKEN – Nage Waza 投げ技   TAISHIN RYU KOBUJITSU 体心流古武術

b) Jodan Sensu Uchi Uke
   O Soto Otoshi
   Gedan Mawashi Uchi
   Kata-te
   Toshunobu

Kapitel 6:

Hebeltechniken – Kansetsu Waza
関節技

6.1 Arten der bewaffneten und unbewaffneten Hebel

Physikalisch und technisch gesehen, sind Hebel mechanische Kraftwandler, die, nach der Definition, aus einem starren Körper bestehen und an einem Angelpunkt drehbar befestigt sind. Im mathematischen Sinne spricht man von dem „Hebelgesetz", bei dem u.a. die jeweilige Kraft, Last und der Lastarm sowie der jeweilige Winkel eine Rolle spielen.

Der menschliche Körper hat eine Vielzahl an Gelenken. Deren jeweiligen Funktionen sind vielfältig und unterschiedlich, um den Bewegungsapparat aufrecht zu erhalten. Die richtige Kontrolle über den anderen und dessen Nachgeben kann man mit entsprechenden Hebeltechniken durch fachgemäße, manipulative Gelenkbeeinflussung und der damit einhergehenden, Hebelwirkung und Schmerzerzeugung entstehen lassen.

Die Verwendung von Hebeltechniken (KANSETSU-WAZA) im „TAISHIN RYU KOBUJITSU" übernimmt einen wichtigen Teil im Waffentraining. Dort bilden Hebel oft ein interessantes Werkzeug, um bewaffnete Techniken anzureichern und sinnvoll ergänzen zu können. Darüber hinaus eröffnen sich daraus neue Perspektiven be- und unbewaffneter Techniken und Kombi-nationen. KANSETSU-WAZA haben eine lange Tradition. Die Grundidee ist, den Gegner effektiv zu kontrollieren, ohne ihn dabei ernsthaft zu verletzen oder gar zu töten.

Die Hebeltechniken des KANSETSU-WAZA müssen von Anfang an strukturiert und systematisch erlernt werden. Dazu gehört auch, dass die physikalischen Gesetze und Grundlagen eines Hebels verstanden werden, um mit diesem Basiswissen alle Eventualitäten beim Hebel-einsatz abdecken zu können.

KANSETSU-WAZA ermöglichen es, bei geringem Kraftaufwand und fachgemäßer Ausführung das Gegenüber effektiv zu kontrollieren. Dabei ist der Angriff im richtigen Moment aufzunehmen und weiterzuleiten, um KANSETSU-WAZA wirkungsvoll einzusetzen zu können. Hebel sind dementsprechend auch im Waffenkampf ein hervorragendes Repertoire.

6.2 BUKINOBU KANSETSU WAZA 武器之部関節技 - bewaffnete Hebeltechniken

Die im „TAISHIN RYU KOBUJITSU" verwendeten Waffen können einerseits als Kraft- bzw. Hebelverstärker eingesetzt werden sowie andererseits die Folge- und Kontrolltechniken damit wesentlich einleiten und unterstützen. Auch hier sind Hebeltechniken ein probates Mittel, um das Ergebnis einer bewaffneten Auseinandersetzung für sich zu entscheiden. Der Vorteil dieser Techniken liegt im direkten Übergang von der Folgetechnik als Hebeleingang zur Hebelkontroll- bzw. -festhaltetechnik.

Ebenso wie bei den Wurftechniken sind die Risiken ähnlich und es wird auch ein entsprechendes „Können" vorausgesetzt. Diese Form der Technik findet ebenfalls überwiegend im „Nahkampf" mit kurzer Distanz statt, wobei auch hier je nach Waffe die Distanzen unterschiedlich sein können.

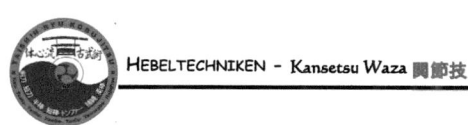

Hebeltechniken mit dem YAWARABO finden i.d.R. im direkten Körperkontakt statt und unterscheiden sich kaum von denen der waffenlosen Kampfkünste, (KARA-HÔ / TAIJITSU). Das YAWARABO wird dann zudem „nur" noch als Druckverstärker sowie als „Schockverursacher" eingesetzt, indem entsprechende ATEMI–Punkte des Gegenübers im Vorfeld attackiert werden. Entsprechendes gilt auch bei Techniken mit dem TANTO. Aufgrund der scharfen Klinge sollte man aufgrund der Möglichkeit einer Selbstverletzung bei den Hebeleingängen und Folgetechniken auch hier achtsam sein. Die meisten Hebeltechniken werden nicht mit dem TANTO direkt ausgeführt, sondern überwiegend mit Unterstützung der anderen unbewaffneten Armseite oder nur mit dieser.

Vergleichbares gilt auch bei Hebeltechniken mit dem KATANA. Diese reduzieren sich aufgrund der Beschaffenheit der Waffe ebenfalls auf die Unterstützung der anderen unbewaffneten Armseite oder auf die alleinige Durchführung dieser. Szenarien für die Hebelanwendung sind vermehrt Angriffe auf das KATANA selbst. Beispielsweise versucht das Gegenüber das KATANA zu entreißen oder uns daran zu hindern es zu ziehen, indem die Hand bzw. Hände oder der Schwertgriff festgehalten werden.

Das HANBO eignet sich gut für Hebeltechniken. Je nach Griffhaltung (KATA-/RYO-/MORO-TE) ergeben sich daraus verschiedene Varianten und Ein- und Übergänge. Die Waffe kann sowohl in der Mitteldistanz (bei Waffenkontakt) mit dem Waffenende als auch in der Nahdistanz (bei Körperkontakt) mit dem Waffenmittelteil für Hebeltechniken eingesetzt werden. Durch den längeren „Hebel" eignet sie sich auch besonders gut zum Kontrollieren und Festhalten am Boden.

Zwar etwas kürzer die Beschaffenheit der Waffe aber genauso effektiv sind die Hebeltechniken mit dem TANBO. Das „Kürzere" ist aber hier im Nahkampf, wegen der geringeren Distanzüberbrückung, besser für Hebel geeignet. Hebeltechniken mit dem TANBO sind mit dieser Waffe sehr geeignet und zudem auch wirkungsvoll.

Dergleichen gilt für den TONFA als Nahkampfwaffe, der sich ebenfalls gut für Hebeltechniken eignet. Durch die Variabilität der Waffe aufgrund der Drehmöglichkeiten, zeigt sich diese Waffe auf diesem Gebiet als sehr flexibel. Hebeltechniken können hier sowohl mit dem längeren oder kürzen Ende ausgeführt werden, aber auch u.a. mit dem Griffknauf der Waffe. Hebeltechniken im HOJOJITSU unterscheiden sich auch hier wieder insgesamt von den anderen Waffenarten. Eine Angleichung an die „waffenlose" Ausführung ist deutlich sichtbar.

Ähnlich wie bei den Wurftechniken werden Angriffe hier mit dem Seil zunächst abgewehrt, gleichzeitig die Hände und Arme des Angreifers mit dem Seil durch umwickeln kontrolliert und blockiert. Unter zur Hilfenahme von Armen und Beinen als „starrer Körper" und mittels Zugkraft auf die entsprechenden Seilenden erfolgt eine entsprechende Hebelwirkung. Ein zu „Boden bringen" und kontrollieren am Boden (NE-WAZA) ist dann auf der Grundlage des bestehenden Hebels möglich und Weiterführungstechnik vorgesehen bzw. bietet sich hier auch an.

Am Boden kann das Gegenüber durch weitere Fesslungstechniken völlig unter Kontrolle gebracht und fixiert werden. Dazu eignen sich die Hebeltechniken hervorragend und sind adäquate, wirkungsvolle Waffentechniken.

6.3 TOSHUNOBU KANSETSU WAZA 徒手之部関節技 – unbewaffnete Hebeltechniken

Hiermit sind diejenigen unbewaffneten Hebeltechniken gemeint, bei denen mittels der unbewaffneten Hände, Arme und Beine die Finger-, Hand-, Arm-, Schulter-, Wirbelsäulen-, Nacken-, Fuß- oder Beingelenke des Gegenübers gestreckt, gebeugt, verdreht, überdehnt oder verriegelt werden und dadurch eine Gelenkmanipulation erfolgt, die zu Muskel-, Sehnen-, Knochen- und damit zu Gelenkspannungen und im Extremfall auch bei übersteigerter Ausführung zum Reißen oder Brechen dieser Extremitäten führen kann.

Dies kann wie bei den Wurftechniken sowohl mit dem bzw. der freien, unbewaffneten und nicht eingesetzten Arm bzw. Hand erfolgen. Darüber hinaus können auch die Beine oder der Körper als Ganzes für Hebel eingesetzt werden.

Mit den genannten Körperteilen können im „TAISHIN RYU KOBUJITSU" beispielsweise allgemein folgende unbewaffneten Hebeltechniken ausgeführt werden:

- ASHI-GARAMI ⇨ BEINBEUGEHEBEL: Hebel der Beine oder mit Bein, bei dem das Bein gebeugt wird.
- ASHI-GATAME ⇨ BEINSTRECKHEBEL: Hebel der Beine oder mit Bein, bei dem das Bein gestreckt wird.
- UDE-/KOTE-GARAMI ⇨ ARM-/HANDBEUGEHEBEL: Hebel, bei dem der Arm / die Hand gebeugt wird.
- UDE-/KOTE-GATAME ⇨ ARM/HANDSTRECKHEBEL: Hebel, bei dem der Arm/ die Hand gestreckt bzw. überstreckt wird.
- KANNUKI-GATAME ⇨ RIEGELSTRECKHEBEL: Hebel, bei dem Arme/Beine mit den Unterarmen verriegelt werden.
- JUJI-GATAME ⇨ LEISTENSTRECKHEBEL: Hebel, des zwischen den Beinen befindlichen Armes über die Leiste.
- HARA-GATAME ⇨ BAUCHSTRECKHEBEL: Hebel mit Hilfe des Bauches oder der Körpervorderseite.
- WAKI-GATAME ⇨ ACHSELSTRECKHEBEL: Hebel mit Hilfe einer Körperseite oder der Achseln.

HEBELTECHNIKEN – Kansetsu Waza 関節技   TAISHIN RYU KOBUJITSU 体心流古武術

BUKINOBU KANSETSU WAZA 武器之部関節技 / TOSHUNOBU KANSETSU WAZA 徒手之部関節技
⇨ be- & unbewaffnete Hebeltechniken

KENJITSU 剣術

a) HEIKŌ DACHI
   GYAKU-HANMI DORO
   UDE GARAMI
   GEDAN OTOSHI
   TSUKI
   URA-/Kata-te
   BUKINOBU

①  ②  ③

④  ⑤  ⑥

b) HEIKŌ DACHI
   MUNEDORI (Versuch)
   YUBI-KANDETSU TORI
   KIRI OTOSHI
   Kata-te / Ryo-te
   TOSHUNOBU

①  ②  ③

④  ⑤

TANTOJITSU 短刀術

a) JODAN SENSU UCHI UKE
   UDE GARAMI
   GATAME NE-WAZA
   Kata-te
   BUKINOBU

①  ②  ③

HEBELTECHNIKEN – Kansetsu Waza 関節技   TAISHIN RYU KOBUJITSU 体心流古武術

b) JODAN SENSU SOTO UKE
UDE GARAMI
GATAME NE-WAZA
Kata-te
TOSHUNOBU

HANBOJITSU
半棒術

a) CHUDAN YOKO AGE UKE
UDE GARAMI
GATAME NE-WAZA
Ryo-te / Moro-te
BUKINOBU

b) JODAN MAE UKE
UDE GATAME
GATAME NE-WAZA
Moro-te / Kata-te
TOSHUNOBU

HEBELTECHNIKEN – Kansetsu Waza 関節技

TANBOJITSU 短棒術

a) JODAN / GEDAN
MAE UCHI UKE
UDE GATAME
GATAME NE-WAZA
Kata-te
BUKINOBU

b) JODAN SENSU
UCHI / SOTO UKE
WAKI GATAME
GATAME NE-WAZA
Kata-te
TOSHUNOBU

TONFAJITSU トンファー術

a) JODAN AGE UKE
GYAKU-HANMI-DORI
KOTE MAWASHI
GATAME NE-WAZA
Kata-te
BUKINOBU

Hebeltechniken – Kansetsu Waza 関節技

Taishin Ryu Kobujitsu 体心流古武術

b) Jodan Mae Uke
 Ude Garami
 Gatame Ne-Waza
 Kata-te
 Toshunobu

Hojojitsu 捕縄術

a) Jodan Nibai Mae Uke
 Waki Gatame
 Gatame Ne-Waza
 Moro-te
 Bukinobu

b) Chudan Nibai Uke
 Ashi Garami
 Gatame Ne-Waza
 Moro-te
 Toshunobu

HEBELTECHNIKEN – Kansetsu Waza 関節技

TAISHIN RYU KOBUJITSU 体心流古武術

YAWARABOJITSU
柔棒術

a) JODAN MAE UCHI UKE
KANNUKI-GATAME
GATAME NE-WAZA
Moro-te
BUKINOBU

b) JODAN / GEDAN
SENSU UCHI UKE
ASHI GATAME
GATAME NE-WAZA
Kata-te
TOSHUNOBU

- 89 -

Kapitel 7:

Würgetechniken – Jime Waza 絞め技

7.1 Arten des bewaffneten und unbewaffneten Würgens

Eine Verwendung von Würgetechniken (JIME WAZA) im „TAISHIN RYU KOBUJITSU" ist ebenfalls Bestandteil des dortigen Waffentrainings. Würgetechniken sind gute Kontrolltechniken, um bestimmte Reaktionen beim Gegenüber hervor zu rufen. Sie sind daher genau so gut wie die Hebeltechniken und können gut mit diesen in Verbindung eingesetzt werden. Ziel einer Würgetechnik ist es, das Gegenüber, durch Druck auf die Luftröhre oder Abschnüren der Halsschlagader, kampfunfähig zu machen bzw. zur Aufgabe zu zwingen und damit zu kontrollieren.

Je nach Anwendung der Würgetechniken, können damit entweder die Blockierung der Luftröhre, durch Verhinderung der Lufteinatmung, oder der Hauptschlagadern, durch Unterbindung der Sauerstoffzufuhr zum Gehirn, erzeugt werden. Ebenso die Kombination aus beidem. Die zuerst genannte Anwendung kann beim Gegenüber Bewusstlosigkeit hervorrufen und insgesamt einen Atemstillstand herbeiführen, was teilweise tödliche Folgen haben kann. Weitere Folgen könnten der Bruch des Kehlkopfes oder des Zungenbeines sein. Die zweite Anwendung mittels Blockierung der Arterien erzeugt an diesen Stellen ein Druckgefühl (Halsschlagadern/-nerven), das zu einer kognitiv-psychischen Atemnot und nach nur wenigen Sekunden zur Bewusstlosigkeit führt. Diese kann aber kann aber durch eine sofortige Grifflockerung nach einigen Sekunden wieder aufgehoben werden.

Im Waffenkampf kommt es darauf an, das Gegenüber in eine für ihn ungünstig eingeschränkte Position zu bringen, um dann etwaige be- oder unbewaffnete Würgetechniken anzusetzen. Ein Würgetechnik ist in der Regel eine Folgetechnik anderer, vorausgegangener Techniken. Im genauen Terminus unterscheidet man zwischen „erwürgen" und „erdrosseln".

Erstgenanntes ist die Strangulation ohne Zuhilfenahme von Werkzeugen, Gegenständen oder Waffen, zweitgenantes mit!

7.2 BUKINOBU JIME WAZA 武器之部絞め技 – bewaffnete Würgetechniken

Auch hier in diesem Bereich können die im „TAISHIN RYU KOBUJITSU" verwendeten Waffen als Kraftverstärker für etwaig durchgeführte Würgetechniken eingesetzt werden. Sie können hier ebenso als Einstieg für folgende Sicherungs- und Kontrolltechniken dienen.

Bewaffnete Würgetechniken sind ein erprobtes Mittel, um ein Waffenduell positiv für sich zu entscheiden. Der Technikvorteil liegt auch hier im direkten Übergang von der Ausführung zur direkten Kontroll- bzw. Sicherungstechnik. Ähnlich zu den zuvor genannten Technikarten sind auch hier gleiche Risiken vorhanden. Vergleichbare und kompatible „Fähigkeiten" werden ebenfalls vorausgesetzt. Würgetechniken werden ausschließlich im „Nahkampf" in der Kurzdistanz eingesetzt, da sie den direkten Köperkontakt zum Gegenüber erfordern.

Würgetechniken mit dem YAWARABO werden i.d.R. mit dem freien Arm oder Waffenarm im direkten Körperkontakt ausgeführt. Die Waffe wird dann lediglich zur Druckverstärkung und zur Schockverursachung eingesetzt, indem entsprechende ATEMI-Punkte des Gegenübers im Vorfeld wie bei den Hebeltechniken attackiert werden.

Vergleichbares gilt auch bei TANTO-Techniken. Die Ausführung erfolgt hier überwiegend mit Unterstützung der anderen unbewaffneten Armseite oder nur mit dieser. Die Möglichkeit einer Selbstverletzung bei den Würgeeingängen und Folgetechniken aufgrund der scharfen Klinge sollte hier zudem berücksichtigt werden.

Analoges gilt auch im KENJITSU mit dem KATANA. Ebenso reduziert sich die Würgetechnikausführung auf die Unterstützung der anderen unbewaffneten Armseite oder auf die alleinige Durchführung dieser aufgrund der Waffenbeschaffenheit.

Das HANBO eignet sich ebenfalls sehr gut für Würgetechniken. Aufgrund der Waffenbeschaffenheit durch Form, Härte und längeren „Würgeansatz" eignet es sich sogar sehr gut für die Durchführung dieser Technikart. Kontroll- und Sicherungstechniken am Boden lassen sich zudem damit gut ausführen. Auch hier ergeben sich je nach Griffhaltung (KATA-/RYO-/MORO-TE) daraus verschiedene Varianten und Ein- sowie Übergänge.

Würgetechniken mit dem TANBO - zwar etwas kürzer als das HANBO - sind auch hier genauso effektiv. Sie sind mehr als geeignet und zudem sehr wirkungsvoll. Im Nahkampf besteht sogar der Vorteil einer geringeren Distanzüberbrückung zur Technikausführung. Bei beiden Waffenarten ist die Würgeausführung sorgsam durchführen, da aufgrund der jeweiligen Waffenbeschaffenheit und der damit verbundenen Druckverstärkung größere Schäden, bis zur Todesfolge, verursacht werden können.

In der Waffengattung ähnlich ist das TONFA als Nahkampfwaffe auch für Würgetechniken gut eignet. Von Vorteil ist auch hier die Variabilität und Flexibilität Würgetechniken mit dem TONFA werden aber in diesem Bereich überwiegend mit dem längeren Ende ausgeführt, da damit der zuvor genannte „Würgeansatz" besser gelingt.

JIME WAZA im HOJOJITSU kann auf pures „strangulieren" als Erdrosselungsvorgang reduziert werden. Die Wortverbindung zwischen den Bezeichnungen „Strang" und „Seil" macht dies schon deutlich. Die Seilenden werden einfach dem Gegenüber um den Hals zu einer Schleife gelegt und zugezogen. Die Ausführung, die sehr schnell erfolgen kann, ist dazu sehr effektiv, da die Technik als „Verlängerung der Arme erfolgt" und dies von vorne, seitlich oder von hinten geschehen kann.

7.3 TOSHUNOBU JIME WAZA 徒手之部絞め技 – unbewaffnete Würgetechniken

Das „TAISHIN RYU KOBUJITSU" impliziert auch unbewaffnete Würgetechniken. Gemeint sind hiermit Vorgehensweisen, bei denen mittels der unbewaffneten Hände, Arme und Beine der Halsbereich des Gegenübers gewürgt wird. Mittels spezieller Technik wird mit Händen bzw. Unterarmen Pressdruck auf die seitlich am Kehlkopf befindliche Halsschlagader ausgeübt. Eine daraus folgende Sauerstoffminderversorgung im Gehirn erzeugt das

Gefühl von Atemnot beim Gewürgten. Im Kampf lassen sich Würger häufig nur schwer platzieren (…schwerer als Hebel- und Kontrolltechniken), da sich der Hals des Gegenübers durch „Kopfeinziehen" und i.d.R. gleichzeitigem „Schulterhochziehen" sowie Hand- bzw. Armschutzhaltung gut abschirmen lässt. Daneben wird dies durch die Körperanspannung im Kampf, insbesondere im Halsbereich, zusätzlich erschwert und die gewünschte Wirkung durch den Würgevorgang verfehlt. Es erfordert daher ein geschicktes und geübtes Vorgehen, um die richtige Wirkung zu erzeugen.

Zuvor kommt es im Waffenkampf darauf an, das Gegenüber mit den jeweiligen Waffen in der Auseinandersetzung in eine solche Position zu bringen, von der man aus zum Hals gelangen kann, um dort mit den unbewaffneten Körperteilen Würgetechniken ansetzen und das Gegenüber damit zur Aufgabe sowie unter Kontrolle bringen zu können.

- ASHI-JIME WAZA ⇨ BEINWÜRGETECHNIK: Würgetechniken mit den Beinen.
- HADAKA-JIME WAZA ⇨ FREIE SCHRÄNKWÜRGETECHNIK: Würgetechniken ohne Zuhilfenahme der Kleidung.
- JUJI-JIME WAZA ⇨ KREUZWÜRGETECHNIK: Würgetechniken über Kreuz.
- KATA-HA-JIME WAZA ⇨ HINTERE SCHULTERWÜRGETECHNIK: Würgetechniken bei gleichzeitiger Kontrolle eines Armes.
- KATATE-JIME WAZA ⇨ EINHANDWÜRGETECHNIK: Würgetechniken mit einer Hand.
- OKURI-ERI-JIME WAZA ⇨ KRAGENWÜRGETECHNIK: Würgetechniken unter Zuhilfenahme des Kragens.
- RYOTE-JIME WAZA ⇨ DOPPELRISTWÜRGETECHNIK: Würgetechniken im Parallelgriff.

BUKINOBU JIME WAZA 武器之部絞め技 / TOSHUNOBU JIME WAZA 徒手之部絞め技
⇨ be- & unbewaffnete Würgetechniken

KENJITSU 剣術

a) JODAN MAE UCHI UKE
KATA-TE JIME
GEDAN OTOSHI
TSUKI
Ryo-te / Kata-te
BUKINOBU

WÜRGETECHNIKEN – Jime Waza 絞め技

b) JODAN AGE UKE
   KATA-TE JIME
   KIRI OTOSHI
   Kata-te / Ryo-te
   TOSHUNOBU

TANTOJITSU 短刀術

a) JODAN SENSU UCHI UKE/
   URA MAE TSUKI
   JUJI JIME
   KIRI OTOSHI
   Kata-te
   BUKINOBU

b) JODAN SENSU SOTO UKE
   KATA-HA-JIME
   GATAME NE-WAZA
   Kata-te
   TOSHUNOBU

WÜRGETECHNIKEN – Jime Waza 絞め技   TAISHIN RYU KOBUJITSU 体心流古武術

HANBOJITSU
半棒術

a) CHUDAN YOKO AGE UKE
HADAKA-JIME
GATAME NE-WAZA
Ryo-te / Moro-te
BUKINOBU

①  ②  ③

④  ⑤  ⑥

b) GEDAN UCHI UKE
KATA-TE JIME
GATAME NE-WAZA
Moro-te / Kata-te
TOSHUNOBU

①  ②  ③

④  ⑤  ⑥

TANBOJITSU
短棒術

a) JODAN SENSU UCHI /
SOTO UKE
USHIRO HADAKA JIME
GATAME NE-WAZA
Kata-te
BUKINOBU

①  ②  ③

④  ⑤  ⑥

WÜRGETECHNIKEN – Jime Waza 絞め技

TAISHIN RYU KOBUJITSU 体心流古武術

b) JODAN AGE UKE
   GEDAN HIZA GERI
   SANKAKU HADAKA JIME
   GATAME NE-WAZA
   Kata-te
   TOSHUNOBU

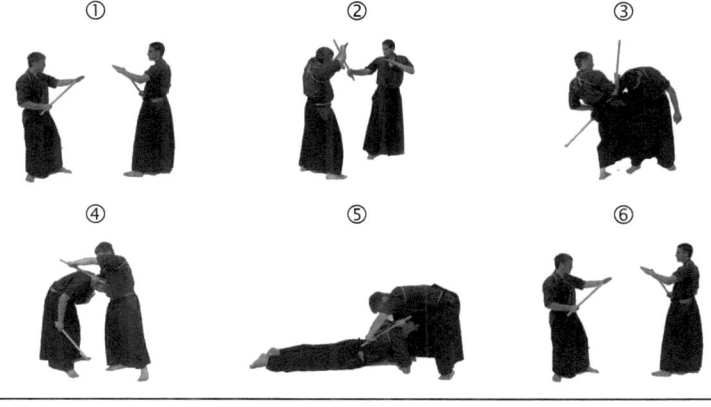

TONFAJITSU
トンファー術

a) JODAN MAE / AGE UKE
   JUJI-JIME
   GATAME NE-WAZA
   Kata-te
   BUKINOBU

b) JODAN MAE UKE
   JOKO HADAKA-JIME
   GATAME NE-WAZA
   Kata-te
   TOSHUNOBU

WÜRGETECHNIKEN – Jime Waza 絞め技

HOJOJITSU 捕縄術

a) JODAN NIBAI MAE UKE
KATA-HA-JUJI-JIME
GATAME NE-WAZA
Moro-te
BUKINOBU

b) GEDAN NIBAI UKE
OKURI-ERI-JIME
GATAME NE-WAZA
Moro-te
TOSHUNOBU

YAWARABOJITSU 柔棒術

a) JODAN MAE UCHI UKE
RYO-TE-JIME
GATAME NE-WAZA
Moro-te
BUKINOBU

WÜRGETECHNIKEN – Jime Waza 絞め技

TAISHIN RYU KOBUJITSU 体心流古武術

b) GEDAN UKE
 SUTEMI NAGE WAZA
 ASHI-JIME
 GATAME NE-WAZA
 Kata-te
 TOSHUNOBU

Kapitel 8:

Bodentechniken – Ne Waza
寝技

8.1 Arten des bewaffneten und unbewaffneten Bodenkampfes

Bodentechniken im „**TAISHIN RYU KOBUJITSU**" beinhalten einerseits das schnelle zu Boden bringen des Gegners, sowie andererseits Techniken zur Verteidigung/Abwehr und zum Angriff/Kontern gegen einen oder mehrere mögliche Gegner am Boden bzw. aus der Bodenlage heraus. In den zuletzt genannten Fällen sollte aber das Ziel sein, so schnell wie möglich wieder in den Stand zu gelangen. Die Verteidigung am Boden oder aus der Bodenlage heraus ist immer ein schwieriges Unterfangen, insbesondere dann, wenn mehrere Gegner vorhanden sind.

Bei dem schnellen zu Boden bringen des Gegners wird in der modernen Zeit heute gerne der angelsächsische Terminus „Take down" verwendet. Es ist eine Kampfkunstbezeichnung für Techniken, die das Gegenüber aus dem Gleichgewicht und zu Boden bringen soll. Dies kann zudem unter Zuhilfenahme der jeweiligen Waffen mittels Beeinträchtigung der Druck- und Schmerzpunkte, sowie Verstärkung der entstehenden Kraftverteilung aufgrund der Waffeneigenarten erfolgen. In den Waffenkünsten ist es oft erforderlich bzw. besser gesagt, oft sinnvoll, das bewaffnete Gegenüber zeitnah zu Boden zu bringen, um weitere gegnerische Attacken und Angriffe schnell zu unterbinden.

Aus der Situation eines Waffenkampfes heraus kann es sich auch ergeben, dass einer der Beteiligten zu Boden geht. Dies kann aufgrund des Kampfgeschehens und damit aus der Kampfhandlung direkt erfolgen oder aufgrund der Bodenbeschaffenheit am „Kampfort", wo man über ein am Boden befindliches Hindernis oder einfach nur durch etwaig vorhandene Unebenheiten ins Stolpern gerät und dadurch zu Boden fällt. Eine Aufgabe des bewaffneten Kampfes am Boden ist nicht zuträglich, es sei denn, man gibt den Kampf und damit sein Leben auf. Daher stellt der Bodenkampf ebenso einen wichtigen Teil im Waffenkampf dar, dessen regelmäßiges Training unabdingbar und empfehlenswert ist.

8.2 BUKINOBU NE WAZA 武器之部寝技 - bewaffnete Bodentechniken

Die im „**TAISHIN RYU KOBUJITSU**" verwendeten Waffen dienen überwiegend als Kraftverstärker oder -verteiler für etwaig durchgeführte „zu-Boden-bring-Techniken". Ziel ist es, den Gegner zu frappieren und schnell zu neutralisieren, damit keine weiteren Gegenaktionen mehr erfolgen können. Je nach Waffe wird der Angriff zunächst abgeblockt und dann entweder als „Kraftverteiler" zum Zwecke der Gleichgewichtsbrechung und anschließenden „zu Bodenbringung" (i.d.R. TOSHUNOBU, mit den unbewaffneten Körperteilen wie Arme und Beine) beim Gegner weitergeleitet oder über die Schmerzpunkte und Hebelwirkung als Kraftverstärker zum Zwecke der sofortigen „zu Bodenbringung", eingesetzt.

Die sofortige „zu Bodenbringung" ist ein effizientes Mittel, um Angriffe des Gegenübers unwirksam zu machen und dadurch den Kampf unter Umständen für sich zu entscheiden. Der daraus folgende Vorteil liegt auch dabei im direkten Übergang von der Ausführung zur direkten Kontroll- bzw. Sicherungstechnik. Gleichsam zu den zuvor genannten Bereichen sind auch hier bei der Ausführung ähnliche Risiken zu beachten und technische Befähigungen vorausgesetzt. Die „zu Bodenbringung" und der eigentliche Bodenkampf findet naturgemäß ausschließlich im „Nahkampf" und damit mit direkten Köperkontakt zum Gegenüber statt Die Waffenart entscheidet über das „Wie" der Durchführung zum Boden sowie der Verteidigungs- und Angriffshandlung am Boden.

Das „zu-Boden-bringen" mit dem YAWARABO findet fast ausschließlich durch Aktivierung der Druckverstärkung und damit verursachter Schockverursachung an entsprechend vielen ATEMI– und Nerven-Punkten (gut geeignet dazu ist die Attackierung von ca. zwei bis fünf Schmerzpunkten) des Gegenübers statt, um die Gegenwehr insgesamt einzudämmen. Der letzte Druckpunkt sollte dann mittel Druckverstärkung in Richtung Boden erfolgen (z.B. mittels Rückwärtsschulterabwärtszug – USHIRO KATA OTOSHI und Schulterdruckwurf - KATA-OSHI NAGE). Die oder der Betroffene bewegen sich entgegen ihres Schmerzempfindens und folgen damit dem ausgelösten Reiz Richtung Boden.

In der Bodenverteidigung mit dem YAWARABO kann dieser gut im direkten Körperkontakt eingesetzt werden, wenn man sich beispielsweise direkt auf oder unter dem Gegner befindet. Um schnell wieder aus der Bodenlage heraus in den Stand zu kommen, werden wegen der Reichweite der Waffe eher die unbewaffneten Körperteile wie Arme und Beine mittels Schläge und Tritte dazu verwendet.

Nicht (bzw. nicht ausschließlich) über die Schmerzpunkte, ab er unter Zuhilfenahme der natürlichen Körperwaffen wie Arme und Beine erfolgt das zu Boden bringen mit dem TANTO. Bei den Abwehrtechniken im Stand ist es oberstes Gebot, die Waffenhand bzw. den Waffenarm (wenn u.a. ebenfalls ein TANTO die Angriffswaffe ist) zu fixieren und zu sichern, damit von dort aus keine weiteren Attacken erfolgen können. Mit dem anderen Arm (dort kann auch das eigene TANTO gehalten werden) oder auch Bein oder sogar mit beidem zusammen wird dann das Gegenüber überwiegend unter Ausnutzung der „Hebel- und Gleichgewichtsgesetze sowie Atemtechnik" (KOKYU NAGE 呼吸投げ), aber auch von vereinzelten Schmerzpunkten (wie beispielsweise der Nasenwurzel mit dem Nasenwurzelabwärtszug - BIKON OTOSHI) zu Boden gebracht. Der Waffenarm des Gegenübers wird dabei nicht losgelassen, sondern zur Sicherung und Kontrolle am Boden eingesetzt. Einen Kampf am Boden mit dem TANTO sollte unter allen Umständen vermieden werden, da eine absolute Abwehr dort nicht gewährleistet kann, sondern der Ausgang des Waffenkampfes vielmehr dem Zufall zu überlassen ist. Sollte es dennoch dazu kommen, ist es dringend angeraten, so schnell wie möglich wieder in den Stand zu kommen. Sollte dies nicht gelingen, kann das TANTO zur Verteidigung am Boden mit Stichen und Schnitten eingesetzt werden. Der Waffenarm des andern gilt es dabei zu sichern. Die Möglichkeit einer Selbstverletzung ist hier nicht von der Hand zu weisen.

Durch die Länge des KATANA ist diese Waffe im Bodenkampf zu unhandlich und damit ungeeignet. Denkbare Szenarien sind das ungeplante Fallen im Kampf oder man wird zu Boden gebracht. Dann sollte der Standkampf so schnell wie möglich wieder eingenommen werden. Beim Aufstehen kann das KATANA auch mit Stichen und Schnitten eingesetzt werden, um dies unbeschadet zu überstehen. Bei der „zu Bodenbringung" wird der Angriff zuvor geblockt und dann zum Zwecke der Gleichgewichtsbrechung weitergeleitet, so dass der Gegner bzw. das gegnerische KATANA blockiert ist. Da das KATANA überwiegend mit beiden Händen (RYO-TE) geführt wird, erfolgt die „zu Bodenbringung" zumeist mit den Füßen auf der „nun" frei gewordenen Seite (auf der anderen findet die Blockierung statt), indem ein frontaler Stampf- (FUMIKOMI 踏み込み) oder Schneidetritt (FUMIKIRI 踏み切り) seitlich in die Kniekehlen von innen oder außen erfolgt. Folgentechniken in Form von Stichen und Schnitten beenden die Auseinandersetzung.

Aufgrund der Waffenbeschaffenheit des HANBO durch Länge (ca. 1 m), Härte (Hartholz) und durch die Länge unterstützte Hebel- und Kraftverteilungseigenschaft eignet sich diese sehr gut für die „zu Bodenbringung". Der Stab kann dazu am Kopf (z.B. mit der Kopfschere - ATAMA BASAMI), an den Armen oder an den Beinen für den „Take down" angesetzt werden. Kontroll- und Sicherungstechniken am Boden lassen sich zudem damit gut ausführen. Auch hier ergeben sich je nach Griffhaltung (KATA-/RYO-/MORO-TE) daraus verschiedene Varianten und Ein- sowie Übergänge. Am Boden direkt ist dieser Waffe wegen der Länge weniger zur Verteidigung und weiteren Techniken geeignet.

Dies ist aber wiederum mit dem Kurzstock TANBO besser möglich, da dieser Stock nur maximal 65 cm misst. In der Bodenlage selbst lassen sich daher auch un- und bewaffnete Techniken wegen der wesentlich besseren Flexibilität besser ausführen. Auch die Anwendung von Hebeln, Würgern sowie anderen Kontroll- und Sicherungstechniken lassen sich in diesem Bereich vortrefflich ausführen. Bei der „zu Bodenbringung" ist der TANBO ebenfalls eine geeignete Waffe. Durch die Waffenlänge ist man direkt im Nahkampf und kommt an alle Körperteile (auch zu den Beinen z.B. mit KUCHIKI TAOSHI). Dies bringt zudem einige Vorteile hinsichtlich der besseren Flexibilität und Wendigkeit mit sich.

Der TONFA als Nahkampfwaffe ist für die „zu Bodenbringung" ebenfalls gut geeignet. Die zuvor gemachten Aussagen treffen auch hier zu. In der Bodenlage ist er aber wegen der Griffhaltung etwas unflexibler. Er kann aber auch am kurzen sowie langen Ende gehalten werden, was seine Multifunktionalität (wird daher auch bei heutigen polizeilichen und militärischen Einheiten u.a. auch als „Mehrzweckeinsatzstock" bezeichnet) unterstreicht.

NE WAZA im HOJOJITSU kann man im direkten Bodenkampf mit der „Beute einer Spinne im Netz" vergleichen. Es wird versucht die Aktionen des Gegenübers zu fixieren und „einzubinden", in dem die Angriffsbereiche solange geblockt, gesichert und umwickelt werden, bis keine Gegenwehr mehr erfolgt. Der Gegner als „Beute" wird im Seil als „Netz" eingewickelt. Eine gute und wirksame Strategie und Vorgehensweise. Das HOJOJITSU als reine Nahkampfwaffe kann eine effektive „zu Bodenbringung" erzeugen. Sobald ein Arm oder Bein des Gegenübers gesichert ist wird versucht, das Gegenüber über den Kopf (aber auch über Arme und Beine mittels Hebelwirkung möglich) zu Boden zu bringen.

8.3 TOSHUNOBU NE WAZA 徒手之部寝技 – unbewaffnete Bodentechniken

Unbewaffnete Bodentechniken beinhalten ebenfalls das schnelle zu Boden bringen des Gegners sowie Techniken zur Verteidigung/Abwehr und zum Angriff/Kontern gegen

BODENTECHNIKEN – Ne Waza 寝技

einen oder mehrere mögliche Gegner am Boden bzw. aus der Bodenlage heraus, jedoch nur mit den natürlichen Körperwaffen. Sie sind Teil des Waffensystems im „**TAISHIN RYU KOBUJITSU**". Hier werden lediglich überwiegend die Arme und Beine für die zuvor genannten Techniken gegen einen oder mehrere mögliche Gegner am Boden oder aus der Bodenlage heraus eingesetzt. In der Anwendung erfolgen die gängigsten Formen des un-/bewaffneten Angriffes, wie Stechen, Schneiden, Schlagen, Treten, Halten, Klammern usw. sowie der Verteidigung mit entsprechender Erwiderung.

Der unbewaffnete Bodenkampf inkl. der „zu Bodenbringung" ist Nahkampf in der Nahdistanz und damit im Grunde „nicht unbewaffnet" (…sondern bewaffnet, da in der anderen Hand die eigene Waffe geführt wird). Hier geht es um die im Kampf eingesetzten, nicht bewaffneten Körperteile, wie Arme oder Beine. Also insgesamt um Fähigkeiten, den ganzen Körper in einer bewaffneten Auseinandersetzung, auch zum oder am Boden, einzusetzen. Dies kann abhängig von der Kämpferpositionierung Techniken wie Beißen, Würgen, Einhaken, Augenstiche, Hebel, Druckpunkttechniken oder verschiedene Schläge, Tritte, Festlege- und Kontrolltechniken sowie Grifflösetechniken am Boden erlauben.

BUKINOBU NE WAZA 武器之部寝技 / TOSHUNOBU NE WAZA 徒手之部寝技
⇨ be- & unbewaffnete Bodentechniken

KENJITSU 剣術

a) JODAN MAE UCHI UKE
   ASHI-FUMIKOMI/-KIRI
   Kniegelenk-Kehlentritt
   KIRI OTOSHI
   Ryo-te
   BUKI-/TOSHUNOBU

b) JODAN AGE UKE
   ASHI-FUMIKOMI/-KIRI
   Kniegelenk-Kehlentritt
   KESA KIRI
   Ryo-te
   BUKI-/TOSHUNOBU

BODENTECHNIKEN – Ne Waza 寝技

TAISHIN RYU KOBUJITSU 体心流古武術

TANTOJITSU 短刀術

a) JODAN UCHI UKE
   KOKYU NAGE
   GATAME NE-WAZA
   Kata-te
   BUKINOBU

b) JODAN SENSU SOTO UKE
   BIKON OTOSHI
   Nasenwurzelabwärtszug
   GATAME NE-WAZA
   Kata-te
   TOSHUNOBU

HANBOJITSU 半棒術

a) JODAN MAE UKE
   ATAMA BASAMI
   Kopfschere
   GATAME NE-WAZA
   Ryo-te / Moro-te
   BUKINOBU

BODENTECHNIKEN – Ne Waza 寝技

b) CHUDAN YOKO AGE UKE
   BIKON OTOSHI
   Nasenwurzelabwärtszug
   GATAME NE-WAZA
   Moro-te / Kata-te
   TOSHUNOBU

TANBOJITSU 短棒術

a) JODAN SENSU UCHI /
   SOTO UKE
   KUCHIKI-TAOSHI
   GATAME NE-WAZA
   Kata-te
   BUKINOBU

b) In der Bodenlage:
   JODAN AGE UKE
   GEDAN TAISOKU GERI
   ASHI KUCHIKI TAOSHI
   GATAME NE-WAZA
   Kata-te
   TOSHUNOBU

BODENTECHNIKEN – Ne Waza 寝技

TAISHIN RYU KOBUJITSU 体心流古武術

TONFAJITSU
トンファー術

a) CHUDAN AGE UKE
KATA-OSHI NAGE
Schulterdruckwurf
GATAME NE-WAZA
Kata-/Moro-te
BUKINOBU

b) In der Bodenlage:
JODAN MAE UKE
GEDAN YOKO GERI
USHIRO KUCHIKI TAOSHI
GATAME NE-WAZA
Kata-te
TOSHUNOBU

HOJOJITSU
捕縄術

a) JODAN NIBAI MAE UKE
USHIRO ATAMA OTOSHI
GATAME NE-WAZA
Moro-te
BUKINOBU

BODENTECHNIKEN - Ne Waza 寝技

⑤

⑥

⑦

Kapitel 9:

Harmonisch-energetische Techniken Aiki-Waza
合気技

9.1 Arten des bewaffneten und unbewaffneten harmonischen Energie

Der Begriff AIKI besteht aus zwei Worten: Mit AI ist die Harmonie gemeint, mit KI die Energie. Zusammengefasst geht es um die harmonische Energie. Im philosophischen Sinne geht es um die Harmonisierung und Verschmelzung der Lebensenergie mit dem Universum und damit um die Vereinigung von Körper und Geist sowie mit der Umwelt.

Allgemein kann man diese Form der Technikausführung so verstehen, dass Angriffe so auf- und angenommen werden, dass die Angriffsenergie durch kreis- oder spiralförmige Bewegungen umgeleitet und so die Kontrolle des Gegenübers gewährleistet wird. Hierzu findet ein „gemeinschaftliches Auf- und ineinander Übergehen" statt.

Als Bewegungsform dient dazu eine zirkuläre „Körperbewegung bzw. Körperdrehung" (TAI SABAKI). Dies ist eine stabilisierende sowie die Ausgewogenheit und den Schwerpunkt erhaltende kreisförmige Drehbewegung. Durch diese „Körperdrehung" entzieht man sich der eigentlichen Angriffswirkung. Insgesamt wird dabei eine harmonische Distanz (im AIKIDO spricht man vom MA-AI) hergestellt, indem man das Gleichgewicht (KUZUSHI) bricht sowie die Abwehr-, Weiterführungs- und Kontrolltechnik einleitet. Dies ist sowohl mit Waffen als auch unbewaffnet möglich. AIKI-Techniken können mit und ohne Waffe ausgeführt werden. Meist macht eine unbewaffnete Technik dann erst auch Sinn, wenn man das Adäquate bewaffnet gesehen hat. Der Technikursprung und dessen wahre Natur sind dann erst oft erkennbar.

9.2 BUKINOBU AIKI WAZA 武器之部合気技 – bewaffnete harmonische Energietechniken

Ähnlich dem KANSETSU WAZA können die verwendeten Waffenarten in Verbindung mit dem zirkulären TAI SABAKI zunächst zum Abwehrblock und dann durch die erfolgte Richtungsänderung zum Kontern eingesetzt werden. Sie können dann auch direkt oder nach dem Block einesteils als Technik- bzw. Bewegungsverstärker fungieren sowie anderenteils die Folge- und Kontrolltechniken damit effektiv einleiten und unterstützen. Dadurch kann die Angriffsenergie direkt aufgenommen und weitergeleitet werden. Dies eröffnet zudem die Möglichkeit der direkten Anwendung von Hebel- und Wurftechniken, da das Gegenüber aus dem Gleichgewicht gerät. Dies wiederum eröffnet die Möglichkeit des schnellen zu-Boden-bringen und kontrollieren.

Die jeweilige Vorgehensweise unterscheidet sich nach der Waffenart. Längere Waffen eignen sich eher für den Hebeleinsatz als die Kürzeren und Schnitt-Waffen, obwohl das KATANA als Schnittwaffe auch zu den längeren Waffen gehört. Längere Waffen sind zudem auch besser für die Distanzhaltung (MA-AI) geeignet. Bei der direkten Energieweiterleitung ist aber von Vorteil, wenn man sich näher zum „Energiegeber" befindet. Insgesamt hat jede Waffe seine individuellen Vor- und Nachteile. Es gilt sie nur zu kennen und mit ihnen umgehen zu können. Es gilt die jeweiligen Vorteile der jeweiligen Waffen konsequent auszunutzen und effektiv einzusetzen.

AIKI WAZA mit dem KATANA nutzt die Länge der Waffe aus. Das Gegenüber kann besser auf Distanz gehalten werden und Blocks aus der TAI SABAKI-Bewegung lassen sich zusammen mit anschließenden Konter mittels Schnitte und Stiche leicht ausführen. Diese Waffe eignet sich gut für diesen Technikbereich. Lediglich Hebel und Würfe als direkte Folgetechniken gestalten sich - schon aufgrund der Waffenschärfe - hier schwieriger. Eigene immediate und direkt zielgerichtete Angriffstechniken (SEME WAZA) lassen sich aus dieser Drehbewegung wirksam bewerkstelligen und führen zudem häufig zur Überraschung des Gegners.

Ähnliche Eigenschaften besitzt der HANBO. Er weist alle Eigenschaften der zuvor genannten Waffe auf, mit ihm sind aber zudem auch direkte Hebel und Würfe möglich. Durch den längeren „Hebel" eignet diese Waffe sich auch besonders gut zum Kontrollieren und Festhalten am Boden. Dank der verschiedenen Griff- und Haltemöglichkeiten (KATA-, RYO-, MORO-TE) ist diese Waffe in diesen Technikbereich sehr flexibel einsetzbar und hier mehr als gut geeignet. Es ist nicht nur ein Zufall, dass die Haupttrainingswaffen im AIKIDO (…und auch AIKIJITSU) der JO (längere Form des HANBO) und das KATANA (trainiert wird aber überwiegend mit dem Holzschwert BOKKEN) sind.

Zwar etwas kürzer die Waffenkonsistenz, aber auch hier genauso effektiv in der Verwendung ist der TANBO. Die „kürzere Länge" als Nachteil ist aber wegen der geringeren Distanzüberbrückung ein Vorteil im Nahkampf, da besser in Hebel und Würfe eingetreten werden kann. Schnellere Abfolgen von Kontern sind ebenfalls möglich.

Ähnliches als Nahkampfwaffe gilt auch für den TONFA, der sich ebenso gut für aus der Drehbewegung durchgeführte Eingangs-, Block-, Hebel- und Weiterführungstechniken eignet. Aufgrund der guten Waffenvariabilität zeigt sich diese Waffe auch hier auf diesem Gebiet als sehr flexibel. Ein sehr guter, durch regelmäßiges Training vorhandener, Waffenumgang wird aber vorausgesetzt.

Noch etwas kürzer, dafür aber scharf, ist das TANTO. Bei dieser Waffe sollte man aber aufgrund der scharfen Klinge und der Möglichkeit einer Selbstverletzung bei den Hebeleingängen und Folgetechniken auch hier achtsam sein. In der Regel wird für die Technikausführung im AIKI WAZA der Waffenarm des Gegenübers gesichert.

Als reine Nahkampfwaffen stellen sich die beiden folgenden Waffen dar. Da beispielsweise AIKI-Techniken mit dem YAWARABO i.d.R. im direkten Körperkontakt stattfinden, unterscheiden sie sich auch kaum von denen der waffenlosen Kampftechnik (KARA-HÒ / TAIJITSU). Dies ist aber insgesamt die Philosophie des YAWARABO, wie wir schon zuvor gehört haben. Er wird auch hier insbesondere als „Druckverstärker" und „Schockverursacher" eingesetzt. Zur Technikausführung und -unterstützung erfolgt die Attackierung entsprechender ATEMI–Punkte des Gegenübers.

AIKI-Techniken im HOJOJITSU unterscheiden sich auch hier wieder allgemein von den anderen Waffenarten. Eine Assimilation an „waffenlose" AIKI-Techniken ist prägnant. Angriffe werden zunächst direkt mit dem Seil geblockt, parallel dazu Hände und Arme des Angreifers mit dem Seil kontrolliert und dann der ganze Körper in die zirkuläre

HARMONISCH-ENERGETISCHE TECHNIKEN - Aiki Waza 合気技   **TAISHIN RYU KOBUJITSU 体心流古武術**

Drehbewegung eingebunden, so dass damit eine Gleichgewichtsbrechung erzeugt wird. Der Übergang in weitere Techniken, wie „zu-Boden-bringen", Hebel, Würfe usw. usf. steht dann offen und gestaltet sich flexibel.

9.3 TOSHUNOBU AIKI WAZA 徒手之部合気技 – unbewaffnete harmonische Energietechniken

Eine reine „unbewaffnete" Technikausführung gibt es hier im AIKI WAZA nicht. Überwiegend findet eine Kombination aus einer be- und unbewaffneten Vorgehensweise statt. Beispielsweise wird mit der jeweiligen Waffe geblockt und mit der „unbewaffneten" Armseite der Waffenarm des Gegenübers blockiert und kontrolliert, oder entsprechende Weiterführungstechniken (i.d.R. Hebel bedingte Techniken) vollzogen. Umgekehrt ist es aber auch möglich, Abwehr- und Kontrolltechniken mit der „unbewaffneten" Armseite auszuführen und erst dann die jeweilige Waffe für adäquate Weiterführungstechniken einzusetzen. Im Rahmen des unbewaffneten AIKI WAZA kann gegriffen, gezogen, gedrückt und gestoßen werden. Ziel ist es, das Gegenüber aus der Balance zu bringen und durch die spiralförmige Weiterleitung der Angriffsenergie zu kontrollieren. Dies kann mit der Waffe oder auch unbewaffnet erfolgen.

Nur das Effizienteste und Effektivste wird dazu eingesetzt, um sich im Kampf zu behaupten. Dazu ist jedes Mittel recht. Geist-Körper-Waffe bilden eine Einheit (SHIN-KEN-TAI-NO-ICHI = GEIST-SCHWERT-KÖRPER SIND EINS).

BUKINOBU AIKI WAZA 武器之部合気技 / TOSHUNOBU AIKI WAZA 徒手之部合気技
⇨be- & unbewaffnete harmonische Energietechniken

KENJITSU 剣術

a) IAI WAZA
JODAN AGE UKE
mit TAI SABAKI
JODAN KESA KIRI
Kata-/Ryo-te
BUKINOBU

① ② ③

b) Jodan Mae Uchi Uke
Chudan Haishu Uke
mit Tai Sabaki
Jodan Kesa Kiri
Ryo-/Kata-/Ryo-te
Buki-/Toshunobu

④ ⑤ ⑥

Tantojitsu
短刀術

a) Iai Waza
Jodan Sensu Uke
...mit Tai Sabaki
Gatame Ne-Waza
Kata-te
Bukinobu

① ② ③

④ ⑤ ⑥

b) Iai Waza
Jodan Sensu Uke
Ude Gatame
mit Tai Sabaki
Kote Gaeshi
Kata-te
Toshunobu

① ② ③

④ ⑤ ⑥

HARMONISCH-ENERGETISCHE TECHNIKEN – Aiki Waza 合気技 TAISHIN RYU KOBUJITSU 体心流古武術

HANBOJITSU 半棒術

a) JODAN AGE UKE
MAWASHI UCHI
mit TAI SABAKI
UDE GARAMI
Ryo-te
BUKINOBU

①    ②    ③

④    ⑤    ⑥

b) JODAN MAE UKE
UDE GARAMI
mit TAI SABAKI
GATAME NE-WAZA
Moro-te / Kata-te
TOSHUNOBU

① 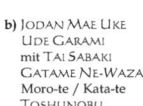   ②    ③

④    ⑤    ⑥

TANBOJITSU 短棒術

a) JODAN UCHI UKE
URA MAWASHI UCHI
UDE GARAMI
mit TAI SABAKI
GATAME NE-WAZA
Kata- / Moro-te
BUKINOBU

①    ②    ③

Harmonisch-Energetische Techniken – Aiki Waza 合気技   TAISHIN RYU KOBUJITSU 体心流古武術

b) JODAN SENSU UKE
   URA MAWASHI UCHI
   UDE GARAMI
   mit TAI SABAKI
   GATAME NE-WAZA
   Kata-te
   TOSHUNOBU

TONFAJITSU
トンファー術

a) GEDAN UKE / JODAN
   NIBAI MAWASHI UCHI
   mit TAI SABAKI
   CHUDAN MAE TSUKI
   Moro-te
   BUKINOBU

b) JODAN AGE UKE
   URA MAWASHI UCHI
   UDE GARAMI
   mit TAI SABAKI
   GATAME NE-WAZA
   Kata-te
   TOSHUNOBU

 Harmonisch-Energetische Techniken – Aiki Waza 合気技   Taishin Ryu Kobujitsu 体心流古武術

④　⑤　⑥

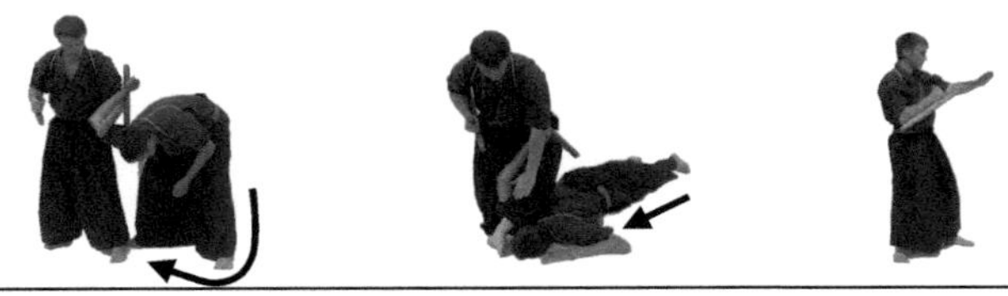

①　②　③

HOJOJITSU
捕縄術

a) JODAN NIBAI
YOKO AGE UKE
SHIHO NAGE
mit TAI SABAKI
Moro-te
BUKINOBU

①　②　③　④

①　②　③

b) CHUDAN NIBAI MAE UKE
UDE GATAME
mit TAI SABAKI
GATAME NE-WAZA
Moro-te
TOSHUNOBU

④　⑤　⑥

①　②　③

YAWARABOJITSU
柔棒術

a) JODAN SENSU SOTO UKE
KOTE GAESHI
mit TAI SABAKI
Moro-te
BUKINOBU

Harmonisch-Energetische Techniken – Aiki Waza 合気技

Taishin Ryu Kobujitsu 体心流古武術

b) Jodan Sensu Uchi Uke
   Ude Gatame
   mit Tai Sabaki
   Sukui Nage
   Kata-te
   Toshunobu

Kapitel 10:

Halte- und Kontrolltechniken Gatame Waza
固め技

10.1 Arten der bewaffneten und unbewaffneten Kontrolle und Festlegung

„GATAME" (auch KATAME) bezeichnen Haltetechniken, mit denen das Gegenüber bzw. der Angreifer am Boden gehalten, fixiert und kontrolliert wird. Insbesondere handelt es sich hierbei um Hebeltechniken. Unter Umständen sind hier auch Würgetechniken möglich. Beispielsweise dann, wenn zuvor JIME WAZA (Würgetechniken) eingesetzt wurden. Dann wird der „Proband" mit dieser Technik zu Boden geführt und auch dort mit Würgetechniken gehalten und kontrolliert. Unterstützt kann dies alles mit Druck auf Nervenpunkte (ATEMI), insbesondere durch die entsprechend eingesetzten Waffen, werden.
Fixieren und immobilisieren am Boden bezeichnet daher diese Gruppe sämtlicher Halte- und Kontrollgriffe, die im „TAISHIN RYU KOBUJITSU" aus der Stand- bzw. Oberposition mit und ohne Waffen durchgeführt werden.
Grundsätzlich stellt sich die Frage, wozu „GATAME" überhaupt in der „Waffenkunst" notwendig ist. Oder anders herum gefragt, was sind die „Wurzeln", Ursachen und Hintergründe? Nun, dies hat überwiegend historische Gründe. Wir haben unter Pkt. 1.3.7 im Rahmen der Vorstellung des HOJOJITSU festgestellt, dass die Gefangennahme im traditionellen KOBUJITSU ein durchaus probates Ziel in der Auseinandersetzung war. Zum einen beabsichtigten die „BUSHI" (Krieger) bzw. SAMURAI mit der Gefangennahme (insbesondere höher gestellter Persönlichkeiten) auf dem Schlachtfeld einen späteren etwaigen Gefangenenaustausch oder unter Umständen auch eine (Aus-) Lösegeldforderung an die Familie oder den entsprechenden Clan. Zum anderen galt es etwaige Rechtsbrecher „dingfest" zu machen, wenn die Ausführenden im Polizei-, Sicherheits- oder Wachdienst standen. Dazu war es notwendig, Halte- und Kontrollgriffe zu beherrschen, um auch eine folgende Fesslung mittels des HOJOJITSU durchführen zu können. Daher ist das GATAME ein fester Bestandteil im Training des KOBUJITSU, insbesondere auch des hier vorgestellten „TAISHIN RYU KOBUJITSU".

10.2 BUKINOBU GATAME WAZA 武器之部固め技 – bewaffnete Halte- und Kontrolltechniken

Wie bereits zuvor hinreichend erörtert, werden die im „TAISHIN RYU KOBUJITSU" eingesetzten Waffen als Druck-, Kraft- bzw. Hebelverstärker (aber auch als Würgeverstärker) verwendet und unterstützen damit die GATAME WAZA essentiell. Der Einsatz von Halte- und Kontrolltechniken ist auch hier abhängig von den jeweiligen Waffen. Schnittwaffen wie das KATANA und TANTO als „Halte- und Kontrollwaffe/-werk-zeug" sind aufgrund der Waffeschärfe und der Gefahr der Verletzung des Gefangenen bzw. „Gehaltenen" weniger geeignet. Auch die Länge der Waffe ist in der Verwendung wieder entscheidend. Je länger die Waffe, umso besser lassen sich diese für die Halte- und Kontrolltechniken einsetzen. Anderes herum gesehen, je kürzer die Waffe, umso geringer ist die Distanz zum etwaigen „bewaffneten" Gegenüber und damit auch gefährlicher. Bei den Kurzwaffen, wie dem

YAWARABO, sind die GATAME WAZA ähnlich denen im TAIJITSU und es werden daher überwiegend unbewaffnete Halte- und Kontrolltechniken eingesetzt. Dazu werden insbesondere die eigenen Arme und Beine eingesetzt (näheres später unter Pkt. 10.3). Mit dem YAWARABO können aber beispielsweise die durchgeführten Halte- und Kontrolltechniken unter Gebrauch und Manipulation der Druck- und Schmerzpunkte effektiver erfolgen.

Bei den Schnittwaffen KATANA und TANTO werden, wie bereits zuvor dargestellt, ebenfalls überwiegend „unbewaffnete Körpertechniken" zum Halten und Kontrollieren eingesetzt, um das Verletzungsrisiko zu minimieren.

Zu den etwas kürzeren Waffen gehören auch TANBO und TONFA. Halte- und Kontrolltechniken mit diesen Waffen sind zwar im Ganzen sehr geeignet und zudem, wegen den guten „Hebel- und Würgemöglichkeiten" ebenso wirkungsvoll, aber auch hier werden aus den zuvor genannten Gründen vornehmlich unbewaffnete Körpertechniken" zum Halten und Kontrollieren eingesetzt. Durch die Kürze des TANBO stellt diese Waffe dem ungeachtet hals dynamisch und variable dar.

Die Variabilität des TONFA hingegen, zeigt sich in diesem Bereich der Halte- und Kontrolltechniken als sehr flexibel und damit als sehr anpassungsfähig. Halte- und Kontrolltechniken können hier sowohl mit dem längeren und kürzen Ende, als auch mit dem Griffknauf der Waffe ausgeführt werden. Eine hervorragend geeignete Waffe für Halte- und Kontrolltechniken ist der HANBO. Die Länge der Waffe bringt hier den entscheidenden Vorteil. Die daraus resultierenden guten „Hebeleigenschaften" sind in diesem Zusammenhang besonders hervor zu heben. Zudem ergeben sich je nach Griffhaltung (KATA-/RYO-/MORO-TE) verschiedene Halte- und Kontrollvarianten. Die vorangegangenen Ein- und Übergänge können mit dieser Waffe direkt zum „zu-Boden-bringen" sowie Kontrollieren und Festhalten am Boden weitergeleitet werden.

Die prägnanteste Waffe zu diesem Themenbereich ist das Seil (HOJO). Wenn man von „Halten", „Kontrollieren" oder sogar „Fesselung" spricht, ist der Gedankengang zum Seil nicht weit entfernt. Historisch betrachtet ist HOJOJITSU auch mit „Fesselungstechnik" zu übersetzten. Sie machen auch einen großen Teil im HOJOJITSU im des GATAME WAZA aus. Man kann aber mit dem Seil auch „Halten" und „Kontrollieren", ohne zu „Fesseln". Diese Waffe ist damit auf diesem Gebiet sehr facettenreich. In einigen Ländern werden heute noch „Fesselungen" mit dem Seil durchgeführt und nicht mit „Handschellen".

Halte- und Kontrolltechniken im HOJOJITSU unterscheiden sich auch hier wieder insgesamt von den anderen Waffenarten. Wie bereits erläutert, werden Angriffe mit dem Seil zunächst abgewehrt. Gleichzeitig werden Hände und Arme des Angreifers mit dem Seil umwickelt und dadurch zunächst blockiert und kontrolliert. Ein direktes „zu-Boden-bringen" i.d.R. über den Kopf und mittels Hebeltechnik, ermöglichen ein Kontrollieren am Boden (NE-WAZA). Dort kann das Gegenüber durch eine „Fesselung" völlig unter Kontrolle gebracht und fixiert werden. Später ist auch ein Transport möglich. Die Art der „Fesselung" erfolgt generell auf dem Rücken des Betroffenen. Hände und Arme werden über den Hals justiert. Eine solche „Halsschlinge" unterstützt die Blockierung der gefesselten Arme. Ein Fluchtversuch führt zur „Selbststrangulation".

10.3 Toshunobu Gatame Waza 徒手之部固め技 – unbewaffnete Halte- und Kontrolltechniken

Mit unbewaffneten Halte- und Kontrolltechniken sind diejenigen gemeint, bei denen mittels „Körpertechniken", also mittels der unbewaffneten Hände, Arme und Beine Halte- und Kontrolltechniken. Dazu werden, wie beim Kansetsu Waza entsprechende Hebeltechniken an Fingern, Händen, Armen, Schulter, Wirbelsäule, Nacken, Fuß- oder Beingelenken des Gegenübers vollzogen, um ihn damit unter Kontrolle zu bringen. Dies kann unter zu Hilfenahme der jeweiligen Waffe oder auch nur mit dem bzw. der freien, unbewaffneten und nicht eingesetzten Arm bzw. Hand erfolgen.

Darüber hinaus können auch die Beine oder der Körper als Ganzes für das unbewaffnete Gatame Waza eingesetzt werden. Im „Taishin Ryu Kobujitsu" werden beispielsweise folgende unbewaffneten Halte- und Kontrolltechniken in Form von Hebeln ausgeführt:

- ∞ Ashi/Ude/Kote/Yubi/Kubi Gatame/Garami
  - ⇨ Bein/Arm/Hand/Finger Nacken/Streckhebel/Beugehebel:
  - Streck-/Beugehebel der Beine, Arme, Hand, Finger, des Nackens oder diese Hebel mit Bein.
- ∞ Kannuki-Gatame
  - ⇨ Riegelstreckhebel:
  - Riegel-Hebel der Arme/Beine mit den Unterarmen.
- ∞ Juji-Gatame
  - ⇨ Leistenstreckhebel:
  - Hebel zwischen den Beinen über die Leiste.
- ∞ Hara Waki-Gatame
  - ⇨ Bauch/Achselstreckhebel:
  - Hebel mit Hilfe des Bauches oder der Achseln.

Wie bereits angeführt, werden Gatame Waza auch in Form von Würgetechniken ausgeführt. Entscheidend dabei ist, das Gegenüber in der Waffen-Konfrontation in eine solche Position zu bringen, von der aus man zum Halsbereich gelangt. um das Gegenüber damit zur Aufgabe sowie unter Kontrolle zu bringen. Solche Würgehaltetechniken (Jime Waza) sind:

- ∞ Ashi...
  - ⇨ Beinwürgetechnik:
  - Würgetechniken mit den Beinen.
- ∞ Hadaka...
  - ⇨ Freie Schränkwürgetechnik:
  - Würgetechniken ohne Zuhilfenahme der Kleidung.
- ∞ Juji...
  - ⇨ Kreuzwürgetechnik:
  - Würgetechniken über Kreuz.
- ∞ Kata-Ha...
  - ⇨ Hintere Schulterwürgetechnik:
  - Würgetechniken bei gleichzeitiger Kontrolle eines Armes.
- ∞ Katate...
  - ⇨ Einhandwürgetechnik:
  - Würgetechniken mit einer Hand.
- ∞ Okuri-Eri...
  - ⇨ Kragenwürgetechnik:
  - Würgetechniken unter Zuhilfenahme des Kragens.
- ∞ Ryote...
  - ⇨ Doppelristwürgetechnik:
  - Würgetechniken im Parallelgriff.

Bukinobu Gatame Waza 武器之部固め技 / Toshunobu Gatame Waza 徒手之部固め技
⇨ be- & unbewaffnete Halte-/Kontrolltechniken

Kenjitsu 剣術

a) Jodan Mae Uchi Uke
  Kata-Te Jime
  Gatame Ne-Waza
  Ryo-te / Kata-te
  Bukinobu

b) Heiko Dachi 平行立ち
  Munedori (Versuch)
  Yubi Gatame
  Fingerstreckhebel
  Gatame Ne-Waza
  Kata-te / Ryo-te
  Toshunobu

Tantojitsu 短刀術

a) Jodan Mae Uchi
  Ura Uke
  Ude Gatame
  Gatame Ne-Waza
  Kata-te
  Bukinobu

HALTE- & KONTROLLTECHNIKEN – Gatame Waza 固め技

TAISHIN RYU KOBUJITSU 体心流古武術

b) JODAN SENSU UCHI UKE
UDE / ASHI GATAME
GATAME NE-WAZA
Kata-te
TOSHUNOBU

HANBOJITSU 半棒術

a) CHUDAN YOKO AGE
URA UKE
UDE / ASHI GARAMI
GATAME NE-WAZA
Ryo-te / Moro-te
BUKINOBU

b) JODAN MAE UKE
NI UDE / KUBI GATAME
Doppelarm /
Nackenstreckhebel
GATAME NE-WAZA
Moro-te / Kata-te
TOSHUNOBU

HALTE- & KONTROLLTECHNIKEN – Gatame Waza 固め技

TAISHIN RYU KOBUJITSU 体心流古武術

TANBOJITSU 短棒術

a) JODAN MAE UKE
KUCHIKI-TAOSHI
UDE/ASHI GATAME
GATAME NE-WAZA
Kata-te
BUKINOBU

b) JODAN URA MAE UKE
SANKAKU HADAKA-JIME
UDE/ASHI GATAME
GATAME NE-WAZA
Kata-te
TOSHUNOBU

TONFAJITSU トンファー術

a) JODAN AGE UKE
JUJI-JIME
JUJI-GATAME
GATAME NE-WAZA
Kata-te
BUKINOBU

- 127 -

Halte- & Kontrolltechniken – Gatame Waza 固め技

Taishin Ryu Kobujitsu 体心流古武術

b) Jodan Mae Uke
Kata-Oshi Nage
Schulterdruckwurf
Ude / Ashi Gatame
Gatame Ne-Waza
Kata-te
Toshunobu

Hojojitsu 捕縄術

a) Jodan Nibai Mae Uke
Ushiro Atama Otoshi
Rückwärtskopf-
abwärtszug
Ude / Kubi
Garami / Gatame
Gatame Ne-Waza
Moro-te
Bukinobu

HALTE- & KONTROLLTECHNIKEN – Gatame Waza 固め技

TAISHIN RYU KOBUJITSU 体心流古武術

b) GEDAN NIBAI UKE
 USHIRO ATAMA OTOSHI
 ASHI GARAMI
 GATAME NE-WAZA
 Moro-te
 TOSHUNOBU

YAWARABOJITSU
柔棒術

a) JODAN MAE UCHI UKE
 USHIRO KATA OTOSHI
 Rückwärtsschulter-
 Abwärtszug
 UDE / ASHI GATAME
 GATAME NE-WAZA
 Kata-te
 BUKINOBU

b) JODAN MAE UCHI UKE
 KATA-OSHI NAGE
 Schulterdruckwurf
 GATAME NE-WAZA
 ASHI GARAMI
 Kata-te
 TOSHUNOBU

Kapitel 11:

Halte- und Grifflösetechniken
Gatame Uke Waza
固め受け技

11.1 Arten des bewaffneten und unbewaffneten Grifflösens

Das Lösen von Griffen sowie das Befreien aus Halten, Umklammerungen und aus sonstigem Festhalten im Stand und auch auf dem Boden werden hier zusammengefasst. Diese Art von Halte- und Grifflösetechniken fallen unter den Begriff GATAME UKE WAZA.
Im Kampf kommt es gelegentlich vor, dass der Waffenarm (aber auch der andere Arm) durch das Gegenüber gegriffen und festgehalten wird, um weitere Aktivitäten zu unterbinden bzw. zumindest zu behindern. Es kommt auch zu Umklammerungsversuchen von vorne, der Seite oder auch von hinten (unter und über den Armen, um die Beweglichkeit dadurch erheblich einzuschränken. Denkbar sind auch Hebel- und Würgeansätze bzw. -versuche durch das Gegenüber. Gegen solche Griff-, Halte- und Umklammerungsversuche sollte, besser gesagt, muss es Gegenmittel geben, die es einem erlauben, schnell wieder „kampf- und einsatzbereit" zu sein, um im Kampf nicht zu unterliegen. Ziel muss es daher sein, so schnell wie möglich aus diesem Halten, Greifen, Strangulieren und Hebeln zu entkommen, um angemessen handeln und sich verteidigen zu können sowie den Kampf bestmöglich zu eigenen Gunsten zu entscheiden. Diese Art von Gegenmitteln wird unter der Bezeichnung „Halte- und Grifflösetechniken des GATAME UKE WAZA" subsumiert. Je nach dem wo und wie gegriffen, gehalten oder geklammert wird, kann das Lösen mit Unterstützung der jeweiligen Waffe, aber auch mit dem unbewaffneten Arm, dem Bein sowie mit Hilfeleistung des ganzen Körpers erfolgen. Möglich ist aber auch das „Halten- und Grifflösen" in der Kombination aus beidem, indem die jeweilige Maßnahme entsprechend Beistand erhält.

11.2 BUKINOBU GATAME UKE WAZA 武器之部固め受け技 – bewaffnete Halte-/Grifflösetechniken

Wie wir bereits zuvor schon in den Bereichen „KANSETSU WAZA" und „GATAME WAZA" gesehen haben, können die im „TAISHIN RYU KOBUJITSU" verwendeten Waffen als Kraft- bzw. Druckverstärker eingesetzt werden. Auch hier im GATAME WAZA können die jeweiligen Waffen mit ihren jeweiligen Komponenten und Eigenarten den „Halte- und Grifflöseprozess entscheidend unterstützen. Anhand der jeweiligen Eigenschaft der Waffe wird ein Griff, Halten oder Klammern sowie ein Hebel- und Würgeversuch durch die Kraft- bzw. Druckverstärkung effektiv gelöst. Zudem können durch diesen Druck zugleich empfindliche Körperstellen des Gegenübers mit attackiert werden, so dass das „Lösen" noch effektiver wird. Wie bereits mehrfach angeführt, gibt es auch hier waffenbedingte Unterschiede. Halte- und Grifflösetechniken mit dem YAWARABO finden auch hier überwiegend im direkten Körperkontakt statt und unterscheiden sich ebenfalls kaum von den waffenlosen Kampfkünsten (KARA-HŌ / TAIJITSU). Das YAWARABO wird zudem als Druckverstärker eingesetzt, indem auch hier entsprechende ATEMI-Schmerz und Druckpunkte beim Gegenüber behelligt werden, bevor die eigentlichen Halte- und Grifflöse-

HALTE- & GRIFFLÖSETECHNIKEN - Gatame Uke Waza 固め受け技   TAISHIN RYU KOBUJITSU 体心流古武術

techniken mit dem YAWARABO vollzogen werden. Vergleichbares gilt auch bei TANTO-Techniken. Druckverstärkung und Schmerzverur-sachung erfolgt mit dem Griffende (TSUKA-GASHIRA). Je nach Ausgangssituation können die Halte- und Grifflösetechniken mit der scharfen Klinge unterstützt werden, indem vereinzelte Schnitte und Stiche gezielt dazu eingesetzt werden. Aufgrund der Möglichkeit der Selbstverletzung ist dennoch achtsam vorzugehen. Einige Halte- und Grifflösetechniken erfolgen nicht direkt mit dem TANTO, sondern vorwiegend mit den unbewaffneten „Körperwaffen" oder nur mit diesen. Analoges gilt auch bei Halte- und Grifflösetechniken im KENJITSU. Diese reduzieren sich aufgrund der Beschaffenheit der Waffe ebenfalls auf die Unterstützung der unbewaffneten Armseite oder auf die alleinige Abwicklung mit dieser. Die Halte- und Grifflösetechniken werden dann überwiegend mit dem Schwertgriff durchgeführt. Vorstellbar für die Halte- und Grifflösetechnikanwendung sind mögliche Greifversuche zum KATANA (besser gesagt zum Schwertgriff, wenn es in der Schwertscheide steckt) oder zu den Armen, damit es nicht gezogen werden kann. Denkbar sind auch um Umklammerungsversuche, um ein Ziehen der Waffe komplett zu verhindern. In diesem Fall werden die Beine und die Hüfte zur Gleichgewichtsbrechung und zum Halten- und Grifflösen eingesetzt. Halte- und Grifflösetechniken sind mit dem HANBO gut möglich. Je nach Stockhaltung ergeben sich daraus verschiedene Varianten bei den Lösetechniken (KATA-TE und RYO-TE: mit dem Stockende KONTEI bzw. SAKI / MORO-TE: mit der Stockmitte CHUKON-BU bzw. MOTO). Auch hier werden die Beine und die Hüfte zur Gleichgewichtsbrechung und zum Halten- und Grifflösen, beispielsweise bei Umklammerungen, eingesetzt. Durch den längeren „Hebel" eignet sie sich sehr gut als Druck- und Kraftverstärker zum lösen.
Der Ausspruch „in der Kürze liegt die Würze" trifft hier vollends zu. Denn durch die etwas kürzere Beschaffenheit der Waffe ist sie auf diesem Gebiet aufgrund der verbesserten Dynamik mindestens genauso effektiv, wenn nicht noch besser. Halte- und Grifflösetechniken mit dem TANBO sind mit dieser Waffe sehr gut geeignet und zudem auch wirkungsvoll. Die genannte Dynamik ergibt sich aus der Länge, einer daraus folgenden schnelleren Handhabbarkeit und Wendigkeit sowie dennoch vorhandenen guten „Hebel-, Druck- und Kraftverstärkereigenschaften". Annähernd Ähnliches gilt für die Nahkampfwaffe TONFA. Auch hier zeigt sich die Waffe in diesem Bereich aufgrund der vorhandenen Waffenvariabilität und den damit verbundenen Drehmöglichkeiten als sehr flexibel. Halte- und Grifflösetechniken können sowohl mit dem längeren oder kürzen Ende, als auch mit dem Griffknauf der Waffe ausgeführt werden. Halte- und Grifflösetechniken im HOJOJITSU unterscheiden sich auch hier wieder von den anderen Waffenarten, da eine Assimilation an die „waffenlose" Ausführung offensichtlich ist. Gegen Griff-, Halte- und Umklammerungsversuche werden überwiegend Arme, Beine, Hüfte sowie der ganze Körper eingesetzt. Unter Ausnutzung der Nahdistanz erfolgt hier innerhalb der GATAME UKE WAZA häufig der direkte Übergang zu den Halte- und Kontrolltechniken des GATAME WAZA. Wurden Griff-, Halte- und Umklammerungsversuche erfolgreich gelöst, erfolgt gleichzeitig postwendend das Umwickeln der Hände und Arme des Angreifers mit dem Seil, um diesen direkt kontrollieren zu können. Dies erlaubt dann ein sofortiges „zu-Boden-bringen" und kontrollieren am Boden (NE- WAZA), auf der Grundlage erfolgter Weiterführungstechniken.

HALTE- & GRIFFLÖSETECHNIKEN - Gatame Uke Waza 固め受け技   TAISHIN RYU KOBUJITSU 体心流古武術

11.3 TOSHUNOBU GATAME UKE WAZA 徒手之部固め受け技 – unbewaffnete Halte-/Grifflösetechniken

Mit den waffenlosen „Halte- und Grifflösetechniken sind diejenigen unbewaffneten GATAME UKE WAZA gemeint, bei denen mittels der unbewaffneten Hände, Arme, Hüfte und Beine sowie unter Ausnutzung der gesamten „Körpertechniken" sämtliche Griff-, Halte- und Umklammerungsversuche erfolgreich gelöst werden können.

Wie wir bereits gesehen haben, kann das „Lösen" mit Unterstützung der jeweiligen Waffe, aber auch unbewaffnet, je nach dem wo und wie gegriffen, gehalten oder geklammert wird. Erdenklich ist aber auch das „Halten- und Grifflösen" in der Kombination aus beidem, indem die jeweilige Handlung ausgleichend und hinreichend unterstützt wird. Nachfolgende unbewaffnete Griff-, Halte- und Umklammerungsarten sind im „TAISHIN RYU KOBUJITSU" denkbar und werden trainiert:

	Griff-, Halte- und Umklammerungsart:	**Erklärung:**
1.	KATATE DORI (Versuch)	Versuchter Ein-Handgriff: rechte Hand versucht rechtes Handgelenk des anderen und umgekehrt mit links zu fassen. Mit anderen, freien Seite droht der Angriff.
2.	GYAKU-KATA-TE DORI	Einseitiger Handgelenksgriff: rechte Hand umfasst linkes Handgelenk des anderen von oben und unten sowie umgekehrt mit links. Mit anderen, freien Seite droht der Angriff.
3.	KATA-TE DORI	Diagonaler Handgelenksgriff: rechte Hand umfasst rechtes Handgelenk des anderen von oben und unten sowie umgekehrt mit links. Mit anderen, freien Seite droht der Angriff.
4.	KATA-TE - RYO-TE DORI	Beidhändiger einseitiger/diagonaler Armgriff: Beide Hände des einen umfassen rechten bzw. linken Unterarm des anderen von oben und unten. Von unten droht ein Beinangriff.
5.	MORO-TE DORI	Beidhändiger Handgelenksgriff: mit beiden Händen werden von vorne beide Handgelenke des anderen von oben und unten gefasst. Von unten droht ein Beinangriff.
6.	ERI DORI (Versuch)	Versuchter Reversgriff: rechte Hand versucht Revers des anderen und umgekehrt mit links zu fassen. Mit anderen, freien Seite droht der Angriff.
7.	HIJI KATA-TE DORI	Einseitiger Ellenbogengriff: rechte Hand fasst linken Ellenbogen des anderen ober- und unterhalb sowie umgekehrt mit links. Mit anderen, freien Seite droht der Angriff.
8.	GYAKU ERI-DORI	Einseitiger Reversgriff: rechte Hand fasst das linke Revers des anderen sowie umgekehrt mit links das rechte Revers. Mit anderen, freien Seite droht der Angriff.
9.	ERI DORI	Diagonaler Reversgriff: rechte Hand fasst das rechte Revers des anderen sowie umgekehrt mit links das linke Revers. Mit anderen, freien Seite droht der Angriff.

10.	MORO-TE ERI-DORI	<u>Beidhändiger Reversgriff:</u> beide Hände des einen fassen von vorne beide Reversseiten des anderen. Von unten droht ein Beinangriff.
11.	USHIRO ERI-DORI	<u>Einseitiger Kragengriff:</u> rechte Hand fasst den linken Kragen des anderen sowie umgekehrt mit links. Mit anderen, freien Seite droht der Angriff.
12.	MORO-TE GATAME	<u>Beidarmiges Umklammern:</u> beide Arme des einen umklammern von vorne oder seitlich den Körper unter und über den Armen des anderen. Von unten droht ein Beinangriff.
13.	KATA-TE JIME	<u>Einhändiges/Einarmiges Würgen:</u> eine Hand/ein Arm des einen würgt von vorne oder seitlich den Hals des anderen. Von unten droht ein Beinangriff.
14.	MORO-TE JIME	<u>Beidhändiges Würgen:</u> beide Hände des einen würgen von vorne oder seitlich den Hals des anderen. Von unten droht ein Beinangriff.
15.	MORO-TE ERI-(JUJI)-JIME	<u>Beidhändiges Reverswürgen:</u> beide Hände des einen würgen am Revers von vorne oder seitlich parallel und gekreuzt den Hals des anderen. Von unten droht ein Beinangriff.

BUKINOBU GATAME UKE WAZA 武器之部固め受け技/ TOSHUNOBU GATAME UKE WAZA 徒手之部固め受け技
⇨ be- & unbewaffnete Halte-/Grifflösetechniken

KENJITSU
剣術

a) KATA-TE DORI-Versuch
BUKINOBU TE-NAGASHI
YUBI KANSETSU DORI
GEDAN OTOSHI TSUKI
Kata-te
BUKINOBL

HALTE- & GRIFFLÖSETECHNIKEN – Gatame Uke Waza 固め受け技　　TAISHIN RYU KOBUJITSU 体心流古武術

b) KATA-TE DORI
   KOTE MAWASHI
   GATAME UKE
   NUKITSUKE /
   KESA KIRI
   Kata-te / Ryo-te
   TOSHUNOBU

TANTOJITSU 短刀術

a) KATATE-RYOTE DORI
   EMPI KOTE-MAWASHI
   GATAME UKE
   URA KESA KIRI
   CHUDAN MAE GERI
   Kata-te
   BUKINOBU

b) GYAKU KATA-TE DORI
   KOTE-MAWASHI
   GATAME UKE
   KOTE-KIRI / KESA KIRI
   Kata-te
   TOSHUNOBU

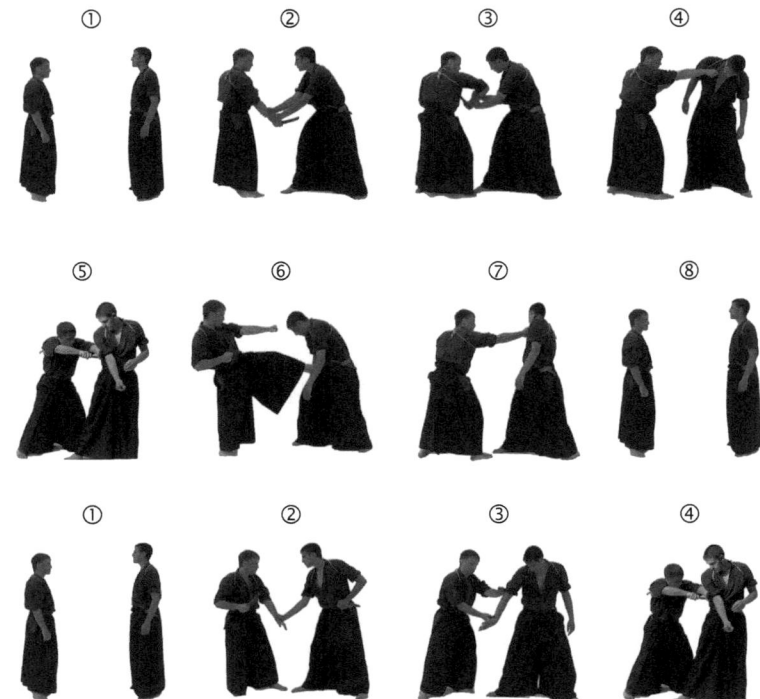

HALTE- & GRIFFLÖSETECHNIKEN – Gatame Uke Waza 固め受け技   TAISHIN RYU KOBUJITSU 体心流古武術

HANBOJITSU
半棒術

a) MORO-TE DORI
  KOTE-MAWASHI/GAESHI
  GATAME UKE
  NI-MAWASHI UCHI
  Moro-te
  BUKINOBU

b) MORO-TE MAE JIME
  KOTE-MAWASHI/GAESHI
  GATAME UKE
  BUKINOBU ASHI BARAI
  OTOSHI TSUKI
  Moro-te
  TOSHUNOBU

HALTE- & GRIFFLÖSETECHNIKEN – Gatame Uke Waza 固め受け技　　TAISHIN RYU KOBUJITSU 体心流古武術

TANBOJITSU
短棒術

a) Hiji Kata-Te Dori
Kote-Mawashi
Gatame Uke
Ude Gatame Ne-Waza
Kata-te
Toshu-/Bukinobu

b) Eri Dori
Kote-Mawashi
Gatame Uke
Ude Garami Ne-Waza
Kata-te
Toshu-/Bukinobu

TONFAJITSU
トンファー術

a) Gyaku Eri Dori
Kote-Mawashi
Gatame Uke
Ude Gatame Ne-Waza
Kata-te
Bukinobu

- 138 -

HALTE- & GRIFFLÖSETECHNIKEN – Gatame Uke Waza 固め受け技   TAISHIN RYU KOBUJITSU 体心流古武術

b) MORO-TE GATAME
   ASHI-GOSHI GARAMI
   GATAME UKE
   NI OTOSHI UCHI
   Moro-te
   TOSHUNOBU

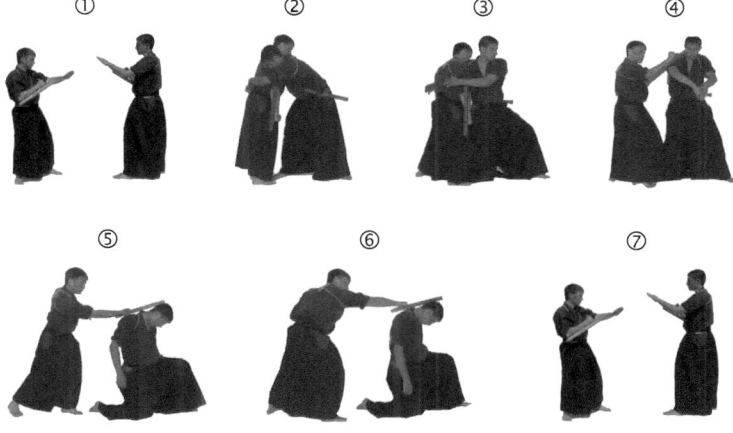

HOJOJITSU 捕縄術

a) MORO-TE YOKO JIME
   KOTE-MAWASHI/GAESHI
   NI UDE GATAME
   Moro-te
   BUKINOBU

b) USHIRO ERI DORI
   KOTE-MAWASHI
   GATAME UKE
   UDE GATAME NE-WAZA
   Moro-te
   TOSHUNOBU

Halte- & Grifflösetechniken – Gatame Uke Waza 固め受け技   TAISHIN RYU KOBUJITSU 体心流古武術

YAWARABOJITSU
桑棒術

a) Moro-Te Eri Dori
  Chudan Mae Tsuki
  Kote-Mawashi
  Gatame Uke
  Waki Gatame
  Kata-te
  Bukinobu

b) Moro-Te Eri
  Juji Jime
  Jodan Mawashi Uchi
  Kote-Mawashi
  Gatame Uke
  Ude Gatame Ne-Waza
  Kata-te
  Toshunobu

Kapitel 12:

Selbstverteidigung Goshin 護身

12.1 Arten der bewaffneten und unbewaffneten Selbstverteidigung

Übersetzt bedeutet „GOSHIN" soviel wie „Selbstverteidigung". „GO" steht für Schutz und „SHIN" für den eigenen Körper und das Selbst. Es geht hier also um den „Selbstschutz". Wir sprechen heute von der „Selbstverteidigung". Es beinhaltet Übungsformen zur eigenen Verteidigung gegen einen oder mehrere mögliche Gegner, in deren Anwendung der Angreifer die gängigsten Formen des hier dargestellten „TAISHIN RYU KOBUJITSU" - Waffenkampfes gebraucht. Der (Selbst-)Verteidiger wehrt diese Angriffe mit den jeweiligen Selbstverteidigungshandlungen des Waffenkampfes ab und kontert diese entsprechend. Alle Facetten des Waffenkampfes werden hier berücksichtigt und finden ihren Einfluss, wobei es sowohl auf unbewaffnete als auch auf bewaffnete Angriffe angewendet wird.

Die „Selbstverteidigung" wird bis zur Ausschaltung und Fixierung des Gegenübers ausgeführt. Es beinhaltet u.a. neben den Abwehr- und Angriffstechniken auch die technischen Bereiche „Werfen, Hebeln, Würgen, Bodenkampf, Halten und Kontrollieren sowie Grifflösen", wie wir bereits zuvor gesehen haben. „GOSHIN" kann nur als „Ganzes" verstanden werden. Nach der „Ganzheitstheorie" ist das „Ganze mehr, als die Summe seiner Teil". Selbstverteidigungstechnisch bedeutet dies, dass sich der gesamte Körper im rechten Verhältnis zum Angriff bewegt und alle notwendigen Mittel, egal ob bewaffnet und/oder unbewaffnet, einsetzt. „GOSHIN" ist am wirkungsvollsten, wenn die Kraft des Gegners zum eigenen Vorteil ausgenutzt wird. Aus diesem Grund sollte man sich dieser Kraft nicht widersetzen, sondern versuchen, sie zu lenken und den gegnerischen Angriff in seiner Anfangsphase abzuwehren, weil dann die Kraft am geringsten und die Abwehr am wirkungsvollsten ist.

12.2 BUKINOBU GOSHIN 武器之部護身 – bewaffnete Selbstverteidigung

In diesem Bereich werden im „TAISHIN RYU KOBUJITSU" Selbstverteidigungshandlungen gegen bewaffnete Angriffe und Angreifer trainiert. Gegenstand dieses Bereiches ist infolgedessen der tatsächliche Waffenkampf, also Kampf „Waffe gegen Waffe", wobei der Fokus und die Priorität auf „GOSHIN" als „Selbstverteidigung" gerichtet sind. Alle bisher dargestellten Technikbereiche wie SEME WAZA, UKE WAZA, NAGE WAZA, KANSETSU WAZA, JIME WAZA, NE- WAZA, AIKI WAZA sowie GATAME / UKE WAZA können hier einfließen und verwendet werden. Alle Mittel, die zum Gewinn der Auseinandersetzung und schließlich der Selbstverteidigung dienen, finden hier Berücksichtigung.

Die Waffenart spielt dabei erstmalig keine Rolle. Die Mittel können individuell gewählt werden. Diese können von „Kämpfer zu Kämpfer" verschieden sein. Die oder der Einzelne hat im Kampf seine „Favoriten"! Die oder der Eine favorisiert zur Verteidigung Konterschläge und Stiche zur Kampfentscheidung. Andere wiederum favorisieren dazu das Gegenüber zu-Boden-bringen, zu werfen, zu hebeln, um es zu kontrollieren. In der

Selbstverteidigung herrscht Individualität und man ist frei in seiner Endscheidung. Hauptsache das Ergebnis stimmt. Es wird das eingesetzt, was man am besten beherrscht.

Wie wir noch später in der Theorie unter Notwehr- und Waffenrecht sehen werden, ist die Selbstverteidigung gesetzlichen Bestimmungen unterworfen. An dieser Stelle soll, da wir hier über die bewaffnete Auseinandersetzung und „Selbstverteidigung" sprechen, kurz dieses Thema angeschnitten werden. Zu Beginn ist aber eine Differenzierung vorzunehmen, um nicht, dieses Thema betreffend, falsch verstanden zu werden. Wenn wir hier von „GOSHIN" als „Selbstverteidigung" sprechen, dann meinen wir primär die historische Betrachtungsweise. „TAISHIN RYU KOBUJITSU" als historische Waffenkampfkunst beinhaltete auch Selbstverteidigungshandlungen, um als BUSHI (Krieger) auf dem Schlachtfeld überleben zu können. Die heutigen Akteure sind aber „nur" noch Kampfkünstler und keine Krieger mehr. Dennoch ist das Schlachtfeld von heute die „Straße" und gilt es auch zu überleben, so traurig diese Tatsache zu sein scheint. Selbstverteidigung ist daher heute bzw. gerade heute ein wichtiges Thema geworden, was reglementiert ist.

Jedem Menschen (zumindest in Deutschland) steht das (Notwehr-)Recht zu, sich (und auch andere) unter bestimmten Voraussetzungen in einer Notsituation zu verteidigen. Pauschal gesehen wäre es aber unzulässig, sich mit Waffen gegen einen unbewaffneten Angriff zu verteidigen. Auch müsste zumindest „Waffengleichheit" bestehen oder ein milderes Mittel gewählt werden. Es wäre beispielsweise „unverhältnismäßig" sich mit einem scharfen KATANA gegen einen Stockangriff zu verteidigen. Das deutsche Strafgesetzbuch sieht z.B. eine Strafverschärfung im Bereich der Körperverletzung vor, wenn diese mittels Waffen begangen würden. In Zuwiderhandlungen würde beispielsweise aus einer Körperverletzung eine gefährliche Körperverletzung. Zudem fallen einige Waffen, wie u.a. der TONFA, unter das deutsche Waffenrecht und das Führen dieser Waffen, sowie natürlich das Verwenden der Waffen in der Öffentlichkeit sind nicht zulässig. Dies sollte man als „Praktizierender" und Ausübender dieser Kunst wissen. Näheres folgt noch, wie angekündigt, unter den Punkt „Theorie".

12.3 TOSHUNOBU GOSHIN 徒手之部護身 – unbewaffnete Selbstverteidigung

Hier werden im „TAISHIN RYU KOBUJITSU" die Selbstverteidigungshandlungen unbewaffnet bzw. mit reinen „Körpertechniken" (z.B. mit den waffenlosen Körperteilen wie den Beinen, dem Kopf und anderen Arm des Gegenübers) oder gegen unbewaffnete Angriffe trainiert. Inhalt ist auch der „Waffenkampf" zur Selbstverteidigung, in dem „Körpertechniken" zur Unterstützung eingesetzt werden. Dies ist überwiegend der Fall, wie bereits dargestellt.

Aufgrund der zuvor geschilderten Individualität von Selbstverteidigungstechniken und der Tatsache, dass wir bereits zurückliegend alle möglichen Angriffs-, Abwehr-, Wurf-, Hebel-, Würge- und zu-Boden-bring- und Festhaltevarianten sowie sonstigen Techniken besprochen haben, erfolgt hier keine weitere Bilddokumentation zum Thema „GOSHIN".

Kapitel 13:

Form
Kata
形

FORM - Kata 形

13.1 Was sind Waffen-KATA´s 形 und wofür sind sie gut?

„KATA" ist eine japanische Bezeichnung und bedeutet übersetzt soviel wie „Form, Stil oder Ausdruck". Andere Übersetzungen nehmen in den japanischen Kampfkünsten auch die Begriffe wie „Anleitung, Modell, Abbildung oder Matrize". Eine „KATA" kann daher als eine Form von genau festgelegten Bewegungsabfolgen mit Angriff, Abwehr und Konter angesehen werden. Diese sollen einen Kampf gegen einen oder mehrere, imaginäre Gegner mit beabsichtigt reellem Hintergrund symbolisieren. Sie ist daher eine festgelegte Übungsform, die aus einem symbolisch stilisierten Kampf besteht und deren Bewegungsablauf hinsichtlich Geschwindigkeit und Zeitablauf ausführlich determiniert sind. Diese festgelegten Technikabfolgen sollen den Übenden einerseits gewisse Prinzipien vermitteln und andererseits auch das Üben einzelner Techniken mit auf die zu übende Prozedere eingestellten Partnern ermöglichen.

Das Trainieren einer „KATA" dient primär dazu, dem Praktizierenden des KOBUJITSU die verschiedenen Techniken beizubringen. Sie dient auch dazu, die Essenz eines KOBUJITSU-Stiles für die Zukunft zu bewahren und die Inhalte nicht in Vergessenheit geraten zu lassen. Dieses Wissen sollte an die folgende Generation weitergegeben werden. Formen können auch dazu verwendet werden, Außenstehenden diese „Kunst" zu präsentieren und vorzustellen, was aber nur als ein kleiner Nebeneffekt und als Beiwerk anzusehen ist.

Neben den „Grundschul-Waffenformen" (KIHON-KATA), bei denen die technische Basis im Hinblick auf Durchführung, Körperhaltung, Geschwindigkeit, Kraft, „Timing" und Distanz mit einem Partner trainiert werden, gibt es noch die einzelnen Formen (sog. Anfänger- und Fortgeschrittenen-Formen: KYU-KOBU-KATA und DAN-KOBU-KATA), bei denen der Trainierende zwar mit Waffe aber ohne Partner gegen einen oder mehrere imaginäre Gegner kämpft. In diesem Bereich steht die Konzentration auf die korrekte Bewegungsausführung im besonderen Focus. Man soll nicht durch die Interaktion mit einem anderen abgelenkt werden. Sie werden überwiegend in der Gruppe gemeinschaftlich trainiert, wobei auch das alleinige Trainieren einer solchen KATA–Form möglich und sinnvoll ist. Ein weiterer Vorteil besteht hier in der Imitation eines fortgeschrittenen Schülers (SEMPAI) oder des Lehrers (SENSEI) zum eigenen Fortschritt.

Das Trainieren einer KATA bildet vielfach die Elementarschule sowie die Grundlage für das weitere Lernen des KOBUJITSU. Dieser Lernprozess erfordert viel Zeit für diese Art der technischen Weiterentwicklung, bis zur genauen Perfektion wahrscheinlich viele Jahre.

13.2 Grundschul-Waffenformen - KIHON KATA 気合形

Wie bereits zuvor festgestellt haben, dient die KIHON-KATA dem Training der technischen Grundlage im Hinblick auf Durchführung, Körperhaltung, Geschwindigkeit, Kraft, „Timing" und Distanz mit einem Partner.

 FORM - Kata 形

KIHON bezeichnet im BUDŌ die Basis, also die Grundlage. Damit sind die Grund- und Basistechniken (KIHON WAZA) gemeint. Innerhalb der Hauptgruppen des „TAISHIN RYU KOBUJITSU" wird, wie bereits erörtert, neben Zieh-, Abwehr- und Angriffstechniken auch zwischen Wurf-, Hebel-, Würge-, Bodenkampf-, harmonische Energie-, Halte-, Kontroll- und Grifflösetechniken (IAI-, SEME-, UKE-, NAGE-, KANSETSU-, JIME-, NE-, AIKI- sowie GATAME/UKE WAZA) unterschieden.

Gepaart mit den mannigfachsten Körperstellungen (DACHI), Schritt- (SABAKI) und Fallbewegungen (UKEMI), die den Technikbereichen die Basis, das Fundament und den Ausgangspunkt verleihen, ergibt sich daraus ein komplexes Modell aus Haltung, Bewegung und Technik, das dann durch regelmäßiges Training das individuelle „Können" festigen und verbessern soll. Mittels dieses Trainings soll eine technische Effektivität, Effizienz und Vervollkommnung erlangt werden, die es einem ermöglicht, in jeder Situation und in jedem körperlichen Zustand intuitiv handeln zu können.

Im „TAISHIN RYU KOBUJITSU" ist eine KIHON-KATA eine Zusammenstellung mehrerer bzw. derjenigen KOBUJITSU-Techniken in einer festgelegten Reihenfolge und in unterschiedliche Richtungen, die gerade jeweils im jeweiligen KYO- oder DAN-Grad trainiert werden.

Die KIHON-KATA im „TAISHIN RYU KOBUJITSU" beginnt mit der technischen Durchführung im Stand (HEIKŌ DACHI 平行立ち – offene Parallelstellung u.a. mit IAI WAZA-Waffenziehen-, SEME WAZA-Angriff- und UKE WAZA-Abwehr-). Dann wird alles in der Bewegung (ASHI SABAKI 足捌き) nach einem bestimmten Schema, in eine bestimmte Richtung (MAE 前 und USHIRO 後ろ - vorwärts und rückwärts), mit festgelegten Drehungen (MAWATE MIGI/HIDARI 回て – Umdrehen rechts/links) und Schrittfolgen (MAE ASHI 前足 - Schritt nach vorn - oder SAN JU KAKUDO HIRAKI ASHI 三十角度開き足 - beidfüssiger 30°-Seitvorwärtsgleitschritt - und OKURI ASHI 送り足 oder TSUGI ASHI 次足 - Gleitschritt nach vorne) wiederholt und ausgeführt. Dazu trainieren immer drei KOBUJITSUKA. Ein Ausübender als Hauptakteur steht in der Mitte, die anderen beiden jeweils außen. Dieser führt zuerst die jeweilige KIHON-KATA aus. Wie bereits beschrieben zunächst zu einem der beiden anderen aus dem Stand heraus und dann in der Bewegung, wobei je nach Fortschritt und KIHON-KATA später der andere ebenfalls Konter und Angriffe ausführt, die der Hauptakteur in der Mitte dann auch abwehren muss. Angriffe und Abwehrtechniken sind auch hier genau festgelegt und unterliegen einer bestimmten Geschwindigkeit und Dynamik, so dass die Ausführung einem „tatsächlichem Kampf" ähnelt.

Nach Abwicklung der jeweilig geforderten Techniken erfolgt eine Drehung zur dritten Person und die bereits zuvor durchgeführten Techniken wiederholen sich in der Bewegung zur dritten Person, wobei die letzte Technik immer mit einem Kampfschrei (KIAI 気合) abgeschlossen und die jeweilige Waffe zurückgeführt (NOTO) wird. Anschließt macht der Hauptakteur einen seitlichen Schritt nach rechts und nach hinten. Der im Rücken befindliche Akteur schließt die entstandene Lücke, indem dieser einen Schritt nach vorne macht und jetzt zum Hauptakteur wird. Der bisherige nimmt nun die Position hinten ein.

FORM - Kata 形

Der ganze Vorgang ähnelt dem „Ladevorgang einer Pistole", indem nach einem erfolgten Schuss die nächste Patrone vom Magazin ins Lager nachrutscht und dort „abschussbereit" lagert. Dadurch kommen alle Akteure zu Ausübung der jeweiligen KIHON-KATA.

KIHON KATA TANTOJITSU 気合形 短刀術 (Part 2 von 12)

TANTOJITSU
短刀術

aus HEIKŌ DACHI

1. IAI WAZA
   mit NUKI TSUKI
2. SEME WAZA
   mit KESA KIRI

3. SEME WAZA
   mit URA KESA KIRI
4. SEME WAZA
   mit MAE TSUKI

5. SEME WAZA
   mit URA MAE TSUKI

nun aus der Vorwärtsbewegung MAE ASHI SABAKI

6. SEME WAZA
   mit KESA KIRI

7. SEME WAZA
   mit URA-KESA-KIRI
8. SEME WAZA
   mit MAE-TSUKI

FORM - Kata 形   TAISHIN RYU KOBUJITSU 体心流古武術

9.

10.

9. SEME WAZA
   mit URA MAE TSUKI

   **nun aus der
   Rückwärtsbewegung
   USHIRO ASHI SABAKI**

10. SEME WAZA
    mit MAE UCHI UKE

11.

12.

11. UKE WAZA
    mit MAE UCHI UKE

12. UKE WAZA
    mit MAE SENSU UKE

13.

14.

13. UKE WAZA
    mit URA SENSU UKE
    Konter SEMA WAZA
    mit MAE TSUKI als..

14. MAWATE
    180°-Drehung und direkt
    SEME WAZA
    Gegen-Rtg. Whlg.
    ab 6.-13.
    abschließend...

15.

15. NOTO
    Waffe zurückstecken

- 149 -

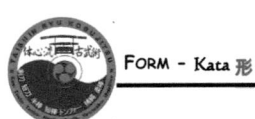

KIHON KATA TONFAJITSU 気合形 トンファー術 (Part 2 von 12)

TONFAJITSU
トンファー術

aus HEIKÔ DACHI

1. IAI WAZA mit NUKI TSUKI
2. SEME WAZA mit MAWASHI UCHI

1. 2.

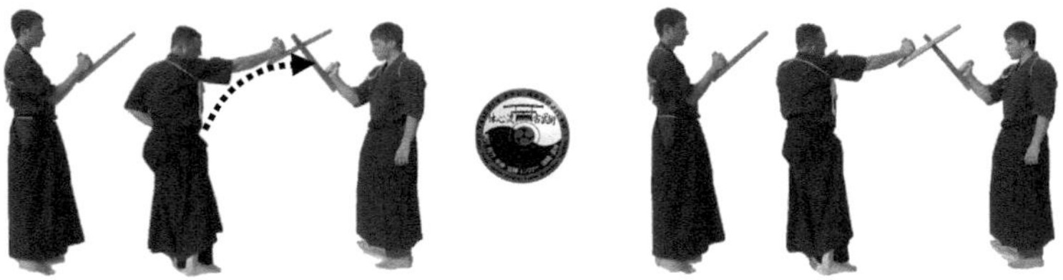

3. SEME WAZA mit URA MAWASHI UCHI
4. SEME WAZA mit MAE TSUKI

3. 4.

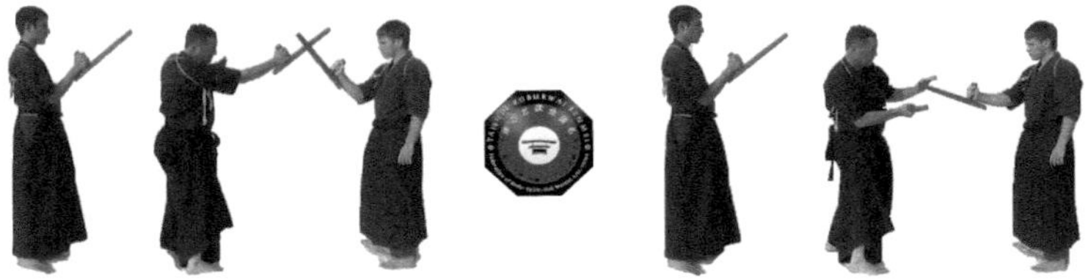

5. SEME WAZA mit URA MAWASHI UCHI

nun aus der Vorwärtsbewegung MAE ASHI SABAKI

6. SEME WAZA mit MAWASHI UCHI

5. 6.

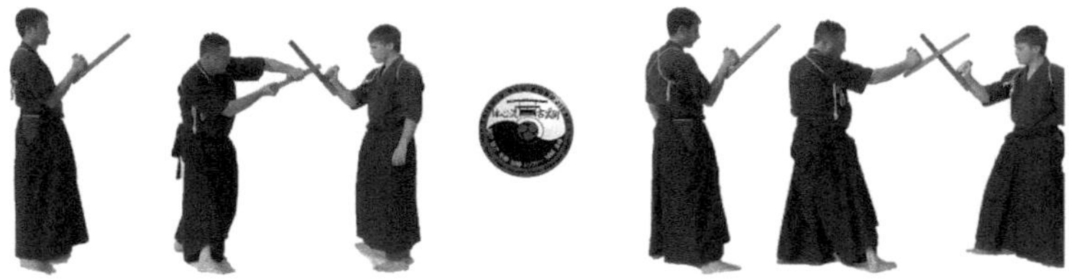

7. SEME WAZA mit URA MAWASHI UCHI
8. SEME WAZA mit MAE-TSUKI

7. 8.

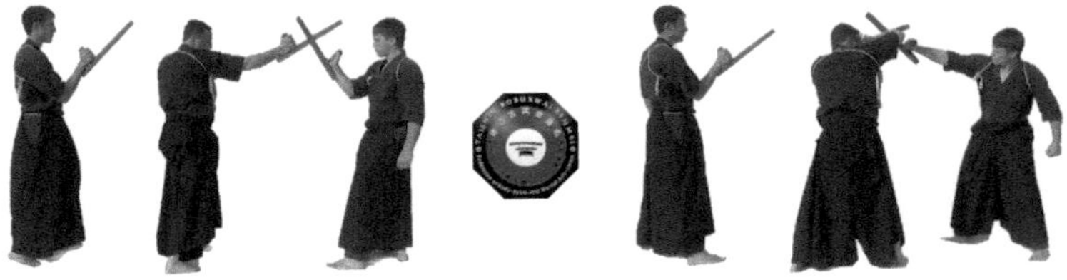

9. SEME WAZA mit URA MAE TSUKI

nun aus der Rückwärtsbewegung USHIRO ASHI SABAKI

10. UKE WAZA mit MAE UCHI UKE

9. 10.

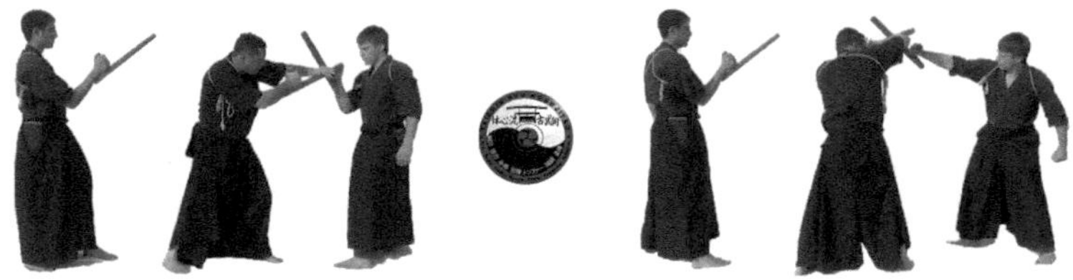

FORM – Kata 形

11. UKE WAZA
mit MAE UCHI UKE

12. UKE WAZA
mit MAE SENSU UKE

13. UKE WAZA
mit URA SENSU UKE
Konter SEME WAZA
mit MAE TSUKI als..

14. MAWATE
180°-Drehung und direkt
SEME WAZA
Gegen-Rtg. Whlg.
ab 6.-13.
abschließend…

15. NOTO
Waffe zurückstecken

KIHON KATA YAWARABOJITSU 氣合形 柔棒術 (Part 2 von 12)

YAWARABOJITSU
柔棒術

aus **HEIKŌ DACHI**

1. IAI WAZA
   mit NUKI TSUKI

2. SEME WAZA
   mit MAWASHI UCHI

3. SEME WAZA
   mit URA MAWASHI UCHI

4. SEME WAZA
   mit MAE TSUKI

5. SEME WAZA
   mit URA MAE TSUKI

   nun aus der
   Vorwärtsbewegung
   MAE ASHI SABAKI

6. SEME WAZA
   mit MAWASHI UCHI

7. SEME WAZA
   mit URA MAWASHI UCHI

8. SEME WAZA
   mit MAE-TSUKI

9. SEME WAZA
   mit URA MAE TSUKI

   nun aus der
   Rückwärtsbewegung
   USHIRO ASHI SABAKI

10. UKE WAZA
    mit MAE UCHI UKE

 FORM - Kata 形   TAISHIN RYU KOBUJITSU 体心流古武術

11. UKE WAZA
mit MAE UCHI UKE

12. UKE WAZA
mit MAE SENSU UKE

13. UKE WAZA
mit URA SENSU UKE
Konter SEME WAZA
mit MAE TSUKI als..

14. MAWATE
180°-Drehung und direkt
SEME WAZA
Gegen-Rtg. Whlg.
ab 6.-13.
abschließend…

15. NOTO
Waffe zurückstecken

13.3 Schülerprogramm-/Meisterprogramm Waffenformen – KYU-/DAN-KOBU-KATA 級/段古武形

Das Waffensystem des „TAISHIN RYU KOBUJITSU" impliziert einzelne KATA–Formen für Schüler- und Meister-Grade. Diese unterscheiden sich inhaltlich nach Umfang und Inhalt der jeweiligen Waffentechniken. Die Schüler sollen bei den KYU–Graden die gelernten Techniken mit der jeweiligen Waffe gegen einen oder mehrere imaginäre Gegner mit kompletter Konzentration auf die korrekte Bewegungsausführung sowie auf die Verbesserung der technischen Basis im Hinblick auf Verrichtung, Ablauf, Beherrschung, angepasstes Tempo, und „Timing" trainieren.

KATA–Formen im Bereich der Meister-Grade beinhalten mehr. Sie imitieren den realen Kampf. Bewegung, Ablauf, Ausführung, Geschwindigkeit und Kraft sind mit einem „richtigen Kampf" identisch. In der Ausführung solcher Formen ist eine gewisse „Ausstrahlung" erkennbar: „Körper, Geist und Waffe" stehen im Einklang und eine Einheit zwischen diesen Elementen ist erkennbar. Die Atmung ist kontrolliert und bildet eine Verbundenheit mit der Energieaufnahme und -weitergabe. KATA–Formen der Meister-Grade zeichnen sich auch durch einen harmonischen Ablauf aus. Die einzelnen Parts sind genau aufeinander abgestimmt und harmonisieren miteinander. Die Essenz des jeweiligen KOBUJITSU-Stiles wird sichtbar.

KYU KOBU KATA KENJITSU ICHI
級古武形剣術

(I PART 4 von 6)

KENJITSU
剣術

aus HEIKÔ DACHI

1. IAI WAZA
   mit KIRI TSUKE
2. SEME WAZA
   mit KESA KIRI
3. UKE WAZA
   mit MAE UCHI UKE
4. SEME WAZA
   mit URA KESA KIRI
5. UKE WAZA
   mit MAE URA UCHI UKE
6. SEME WAZA
   mit KESA KIRI

FORM – Kata 形

TAISHIN RYU KOBUJITSU 体心流古武術

MAWATE USHIRO mit...

7. SEME WAZA
   mit URA KESA KIRI
8. UKE WAZA
   mit MAE URA
   UCHI UKE
9. SEME WAZA
   mit KESA KIRI
10. UKE WAZA
    mit MAE UCHI
    UKE
11. SEME WAZA
    mit URA KESA KIRI

MAWATE MIGI mit...

12. SEME WAZA
    mit MAE TSUGI
13. UKE WAZA
    mit SENSU UCHI
    UKE
14. SEME WAZA
    mit MAE URA
    TSUGI
15. UKE WAZA
    mit SENSU URA
    UCHI UKE

MAWATE USHIRO mit...

16. SEME WAZA
    mit KIRI OTOSHI
17. UKE WAZA
    mit AGE UKE
18. SEME WAZA
    mit KIRI OTOSHI

19. IAI WAZA
    mit KIRI TSUKE
20. SEME WAZA
    mit KESA KIRI

MAWATE HIDARI mit...

21. IAI WAZA mit
    a) CHIBURI und...
    b) NOTO dann...
    c) HEIKO DACHI

FORM - Kata 形　　　　　　　　　　　　　　　TAISHIN RYU KOBUJITSU 体心流古武術

KYU KOBU KATA
HANBOJITSU
SHI
級古武形半棒術
四

(**IV** PART 1 von 3)

1.　2.　3.　4.　5.　6.

HANBOJITSU
半棒術

aus HEIKŌ DACHI

1. IAI WAZA –
   KATA-TE
   mit UCHI TSUKE
2. SEME WAZA –
   RYO-TE
   mit MAWASHI
   UCHI
3. UKE WAZA –
   MORO-TE
   mit MAE UCHI UKE
4. SEME WAZA –
   RYO-TE
   mit URA MAWASHI
   UCHI
5. UKE WAZA –
   MORO-TE
   mit MAE URA UCHI
   UKE
6. SEME WAZA –
   RYO-TE
   mit MAWASHI UCHI

MAWATE USHIRO mit...

12.　11.　10.　9.　8.　7.

7. SEME WAZA –
   MORO-TE
   mit URA
   MAWASHI UCHI
8. UKE WAZA –
   MORO-TE
   mit MAE URA
   UCHI UKE
9. SEME WAZA –
   MORO-TE
   mit KESA KIRI
10. UKE WAZA –
    MORO-TE
    mit MAE UCHI
    UKE
11. SEME WAZA –
    MORO-TE
    mit URA
    MAWASHI UKE

MAWATE MIGI mit...

12. SEME WAZA –
    RYO-TE
    mit MAE TSUGI

 FORM – Kata 形   TAISHIN RYU KOBUJITSU 体心流古武術

13. UKE WAZA –
    RYO-TE
    mit SENSU UCHI
    UKE
14. SEME WAZA –
    RYO-TE
    mit MAE URA
    TSUGI
15. UKE WAZA –
    RYO-TE
    mit SENSU URA
    UCHI UKE

MAWATE USHIRO mit

16. SEME WAZA –
    RYO-TE
    mit OTOSHI UCHI
17. UKE WAZA –
    RYO-TE
    mit AGE UKE
18. SEME WAZA –
    RYO-TE
    mit OTOSHI UCHI

19. UKE WAZA –
    RYO-TE
    mit AGE UKE
20. SEME WAZA –
    RYO-TE
    mit OTOSHI UCHI

MAWATE HIDARI mit…

21. IAI WAZA –
    KATA-TE mit
    a) CHIBURI und…
    b) NOTO dann…
    c) HEIKŌ DACHI

FORM – Kata 形　　　　　　　　　　　　　　　　　　TAISHIN RYU KOBUJITSU 体心流古武術

KYU KOBU KATA
TANBOJITSU
SHI
級古武形短棒術
四
(IV PART 1 von 3)

NI-TANBOJITSU
二短棒術

Alles MORO-TE aus HEIKŌ DACHI

1. IAI WAZA (MIGI) mit UCHI TSUKE
2. SEME WAZA (MIGI) mit MAWASHI UCHI
3. UKE WAZA mit MAE JUJI UCHI UKE
4. SEME WAZA (HIDARI) mit URA MAWASHI UCHI
5. UKE WAZA mit MAE URA JUJI UCHI UKE
6. SEME WAZA (MIGI) mit MAWASHI UCHI

MAWATE USHIRO mit...

7. SEME WAZA (HIDARI) mit URA MAWASHI UCHI
8. UKE WAZA mit MAE URA JUJI UCHI UKE
9. SEME WAZA (MIGI) mit MAWASHI UCHI
10. UKE WAZA mit MAE JUJI UCHI UKE
11. SEME WAZA (HIDARI) mit URA MAWASHI UCHI

MAWATE MIGI mit...

12. SEME WAZA (MIGI) mit MAE TSUGI

FORM - Kata 形

TAISHIN RYU KOBUJITSU 体心流古武術

13. UKE WAZA (HIDARI)
    mit SENSU URA
    UCHI UKE
14. SEME WAZA (MIGI)
    mit MAE URA TSUGI
15. UKE WAZA (HIDARI)
    mit SENSU UCHI UKE

MAWATE USHIRO mit...

16. SEME WAZA (HIDARI)
    mit MAE URA TSUGI
17. UKE WAZA
    mit GEDAN JUJI UKE
18. SEME WAZA (MIGI)
    mit MAE TSUGI

19. UKE WAZA –
    mit GEDAN
    JUJI UKE
20. SEME WAZA (HIDARI)
    mit MAE URA TSUGI

MAWATE HIDARI mit...

21. IAI WAZA mit
    a) CHIBURI und...
    b) NOTO dann...
    c) HEIKO DACHI

Kapitel 14:

Freikampf Kumite 組手

FREIKAMPF - Kumite 形

14.1 Was ist KUMITE 組手 und wofür ist es gut?

KUMITE (組手) besteht aus zwei Worteilen: KUMI und TE. Letzteres bedeutet „Hände". KUMI ist eine Disposition als auch eine Tätigkeit und Aktivität, die man mit „kombinieren", „verbinden", „Gruppe bilden" als auch mit „nehmen", „ergreifen", „festhalten" übersetzen kann. Interpretierend „machen diese Hände also irgendwas" oder „fügen i.e.S. zusammen". Als übergreifende Bezeichnung bedeutet KUMITE daher so viel wie das „Zusammenführen der Hände" oder im japanischen Sinne, die „Begegnung der Hände" und bezeichnet damit die Ausdehnung der Fertigkeit des KOBUJITSU in den Bereich des technischen Partnertrainings in Form der menschlichen Begegnung.
Es charakterisiert eine Kampf- und Trainingsprägung in den japanischen waffenlosen Kampfkünsten als auch in den Waffenkünsten. Denn diese Hände können leer (KARA bzw. unbewaffnet: TOSHUNOBU) oder bewaffnet (BUKINOBU) sein, sodass der Begriff KUMITE auch in den Waffenkünsten verwendet wird. Insgesamt geht es um den „nicht abgesprochenen" Zweikampf (ist aber auch gegen mehrere Gegner möglich) mit freier Technikwahl.
Grundintention ist das Erlernen von instinktivem, intuitivem und realistischem Handeln. Die Grundtechniken (KIHON WAZA) werden zunächst in Verbindung mit den Formen (KATA) automatisiert. Um der zuvor genannten Intention und damit dem „realistischen Kampf" nahe kommen zu können, wird diese Basis durch ein mehrstufiges KUMITE-Training begleitet. Im „TAISHIN RYU KOBUJITSU" existieren unterschiedliche KUMITE-Formen, die an den „wahren Freikampf" (JIYU KUMITE) heran führen sollen. Diese Form des KUMITE wird erst im höheren Schülerprogramm (ab Blau-Gurt) trainiert. Zunächst erfolgt der „abgesprochene Freikampf" des KIHON-KUMITE, um die „Basis" weiter zu festigen.

14.2 Grundschulwaffenfreikampf - KIHON KUMITE 気合組手

Die Grundschule als die „Basis" steht im KIHON-KUMITE weiter im Vordergrund. Die bisher erlernten Techniken (BUKINOBU und TOSHUNOBU) werden hier hintereinander und nacheinander in einer fließenden Bewegung gezeigt. Dazu stellen sich jeweils zwei Schüler gegenüber, wobei zuvor festgelegt wurde, wer TORI (捕り Angreifer bzw. Ausführender) und wer UKE (受け Verteidiger bzw. Abwehrender) ist. Angriffs- und Abwehrtechniken sowie sonstige Techniken wurden zuvor ebenfalls festgelegt. Kontertechniken sind hier frei einsetzbar (z.B. Schläge/Stiche, Würfe, Hebel u.a.) und es entsteht eine (relativ) „freie" Angriff-Abwehr-Konter-Aufeinanderfolge.
Erdenklich sind auch diverse Angriffsfolgen mit etwaigen Abwehrtechniken und –folgen vor dem freien Konter des UKE, den dann TORI wiederum mit einer eigenen freien Angriff-Abwehr-Konter-Aufeinanderfolge begegnen und mit einem eigenen Konter beantworten kann. Der Begriff „KIHON" offenbart dabei schon den Hinweis auf die grundschulmäßige

FREIKAMPF – Kumite 形

Ausführung der Techniken und kennzeichnet die Technikdeklamierung in Ritualform. Das KIHON-KUMITE wird in der Regel im Wechsel ausgeführt.

Intention dieser Übung ist zunächst, die reelle Anwendung der erlernten Grund- und Basistechniken sowie die Erlangung eines realistischen Distanz-, Wirkungsstärke- und Energieverteilungsgefühles. Darüber hinaus wird mit dieser Art des KUMITE beabsichtigt, den dynamischen Prozess eines reellen Kampfes kennen sowie Bewegungen des Gegenübers einschätzen zu lernen.

14.3 Festgelegter Waffenzweikampf – KUMI 組 ...
... TACHI 太刀 ... TANTO 短刀 ... YAWARABO 柔棒
... HANBO 半棒 ... TANBO 短棒 ... TONFA トンファー
... HOJO 捕縄

Was KUMI bedeutet, haben wir zuvor schon festgestellt. Setzt man statt dem Begriff „Hand" (TE) den jeweiligen KOBUJITSU-Waffennamen (... TACHI 太刀 ... TANTO 短刀 ... YAWARABO 柔棒 ... HANBO 半棒 ... TANBO 短棒 ... TONFA トンファー ... HOJO 捕縄), ergibt sich daraus die zuvor oben genannte sinngemäße bzw. Sinnübertragene Übersetzung. Hier begegnen sich lediglich die jeweiligen Waffen (bzw. die Waffen in den Händen) und werden so zusammengeführt.

Diese Form des KUMITE dient als Vorstufe zum richtigen, freien Waffenkampf und beinhaltet lediglich festgelegte Bewegungsabläufe zu zweit. Diese dienen insbesondere dem Training und der Verbesserung der jeweiligen Waffenausführungen hinsichtlich der erforderlichen Koordination, richtigen Distanz und des richtigen „Timings" sowie den entsprechenden Techniken und Bewegungen. Der Lernende wird hier vom einfachen zum schweren, vom unkomplizierten zum komplexen sowie von der langsamen zur schnellen Ausführung geführt, bis sich ein gewisser Automatismus einstellt und die Bewegungen von TORI und UKE ineinander „verschmelzen".

Ein weiteres Bestreben ist hier die Förderung des Lern- und Trainingsprozesses der jeweiligen Ausführenden hin zu mehr Entschlossenheit und Intensität der Aktivitäten und Konter sowie zur Erweiterung der nötigen Aufmerksamkeit und Genauigkeit der ausgeführten Techniken inkl. der Bewegungen.

Einige Autoren und Meister sehen diese Form des KUMITE eher bei der KATA angesiedelt. Thematisch kann man dies so auch sehen. Schließlich beinhaltet es festgelegte Bewegungs- und Technikabläufe, die es auch in einer KATA gibt. Im „**TAISHIN RYU KOBUJITSU**" ist diese Form des „Kampfes" dem Bereich KUMITE angegliedert. Es wird dort als Vorarbeit zum freien Kämpfen gesehen und erfüllt damit nicht die Dispositionen und Attribute einer KATA. Auch der der erste Wortteil KUMI ist ein deutlicher Hinweis dafür, dass diese „Zweikampfform" eher hier hin gehört.

Vom Ablauf her, übernimmt ein Trainingspartner die Rolle des TORI und der Andere des UKE, die jederzeit getauscht werden können. Alles wird per Zeichen des UKE hinsichtlich

Bereitschaft und Aufmerksamkeit ankündigt. Die Angriffe des TORI zielen auf den Körper des UKE, die dieser aber pariert. UKE behält in den jeweiligen Abfolgen die Oberhand und beendet final zum „Kampfgewinn" mit einer kontrollierten Abschlusstechnik (ohne konkreten Treffer) die Sequenz.

Dieser KUMITE-Bereich verlangt erhöhte Ausführungsaufmerksamkeit und Körperkontrolle. Indem ein gewisses Vertrauen in den Trainingspartner und sein technisches Niveau vorhanden sein muss, ist dieser Bereich vornehmlich für höhere Schüler- und Meister-Grade vorgesehen. Mangelndes Vertrauen und unzureichende technische Befähigungen sowie absentes Selbstbewusstsein, Unsicherheit, Unentschlossenheit, Zögerlich- und Halbherzigkeit sind hier nicht angebracht, da sie das Wohlergehen und die Gesundheit der Trainierenden gefährden könnten. Die Aktivisten werden gemeinsam zum beabsichtigten Effekt und Resultat geführt. Aufgrund der vorhandenen Fertigkeiten und Kenntnisse übernimmt daher auch TORI zur Situationssteuerung und -kontrolle erst einmal die Rolle des später unterlegenen Angreifers. Deshalb liegt es in der Einschätzung des SENSEI, wer dies trainieren darf und wer nicht. Die erforderliche Erfahrung und Sicherheit kommt mit fortschreitendem Training.

Im „TAISHIN RYU KOBUJITSU" wird der Schüler bzw. der KYU-KOBUJITSUKA relativ früh - aber vorsichtig - an erste Erfahrungen in diesem Bereich herangeführt, indem vorerst einführende Inhalte aus dem ersten Teil trainiert werden. Diese „Zweikampfform" ist keinesfalls ein „Kampf gegeneinander", sondern vielmehr ein „Kampf miteinander".

UKE = Verteidiger bzw. Abwehrender: derjenige, der dominiert, Öffnungen anbietet und das Geschehen kontrolliert.

TORI = Angreifer bzw. Ausführender: derjenige, der, in der Regel, angreift und am Ende kontrolliert wird.

FREIKAMPF - Kumite 形   TAISHIN RYU KOBUJITSU 体心流古武術

1st KUMI 組 ...

TACHI 太刀 ... TANTO 短刀 ... YAWARABO 柔棒 ... HANBO 半棒
TANBO 短棒 ... TONFA トンファー ... HOJO 捕縄
– № ❶ –

UKE 受け		TORI 捕り	
Schrittbewegung	Handlung	Schrittbewegung	Handlung
	❶ Aus Brusthöhe CHUDAN bzw. SANKAKU zu JODAN NO KAMAE Waffe anheben		❶ CHUDAN bzw. SANKAKU NO KAMAE: Waffe haltend in Brusthöhe
❷ USHIRO TSUGI ASHI Gleitschritt rückwärts	KIRI OTOSHI bzw. OTOSHI UCHI Abwärtsschnitt/-schlag	❷ SAN JU KAKUDO HIRAKI ASHI MAE HIDARI 30°-Seitwärtsgleiten nach links vorne	URA JODAN TSUKI entgegengesetzter Stich zum Kopf/Hals
		❸ MAE OKURI ASHI HIDARI Gleitschritt vorwärts links	URA KESA KIRI bzw. MAWASHI UCHI entgegengesetzter Diagonalschnitt/-schlag
❹ USHIRO TSUGI ASHI MIGI Gleitschritt rückwärts rechts	JODAN URA MAE UCHI UKE entgegengesetzter Schlagblock		
		❺ SAN JU KAKUDO HIRAKI ASHI MIGI 30°-Seitwärtsgleiten nach rechts	KESA KIRI bzw. MAWASHI UCHI Diagonalschnitt/-schlag
❻ USHIRO TSUGI ASHI HIDARI Gleitschritt rückwärts links	JODAN MAE UCHI UKE Schlagblock vorne oben und CHUDAN TSUKI Stich mittig		
MAE ASHI SABAKI Vorwärtsbewegung bis Ausgangspunkt	CHUDAN NO KAMAE Kontrolle des Zentrums & TORI	USHIRO ASHI SABAKI in der Rückwärtsbewegung	

FREIKAMPF - Kumite 形   TAISHIN RYU KOBUJITSU 体心流古武術

2nd KUMI 組 ...

TACHI 太刀 ... TANTO 短刀 ... YAWARABO 柔棒 ...HANBO 半棒
TANBO 短棒 ...TONFA トンファー ... HOJO 捕縄
– № ❷ –

UKE 受け		TORI 捕り	
Schrittbewegung	Handlung	Schrittbewegung	Handlung
	① von CHUDAN zu JODAN bzw. SANKAKU NO KAMAE: Waffe von Mitte über Kopf heben		① von CHUDAN zu JODAN bzw. SANKAKU NO KAMAE: Waffe von Mitte über Kopf heben
② USHIRO TSUGI ASHI HIDARI Gleitschritt rückwärts links	GEDAN UCHI UKE Schlagabwehr nach unten	② MAE OKURI ASHI MIGI Gleitschritt vorwärts rechts	GEDAN MAWASHI UCHI Halbkreisschnitt/-schlag zum Knie
		③ SAN JU KAKUDO HIRAKI ASHI MAE HIDARI 30°-Seitwärtsgleiten nach links vorne	CHUDAN KIRI OTOSHI bzw. OTOSHI UCHI KOTE MIGI Abwärtsschnitt/-schlag zum rechten Handgelenk
④ USHIRO ASHI SABAKI in der Rückwärtsbewegung...	CHUDAN UCHI UKE MIGI Schlagblock und Wegdrücken von TORI's Waffe nach rechts	⑤ SAN JU KAKUDO HIRAKI ASHI MIGI 30°-Seitwärtsgleiten nach rechts	KESA KIRI bzw. MAWASHI UCHI Diagonalschnitt/-schlag
⑥ USHIRO ASHI SABAKI in der Rückwärtsbewegung...	JODAN MAE UCHI UKE Schlagblock vorne oben & TORI's Waffe nach links wegdrücken		
		⑦ SAN JU KAKUDO HIRAKI ASHI MAE HIDARI 30°-Seitwärtsgleiten nach links vorne	URA CHUDAN TSUKI entgegengesetzter Stich zur Körpermitte
⑧ USHIRO ASHI SABAKI in der Rückwärtsbewegung...	CHUDAN URA MAE UCHI UKE entgegengesetzter Schlagblock		
		⑨ MAE OKURI ASHI MIGI Gleitschritt vorwärts rechts	KESA KIRI bzw. MAWASHI UCHI Diagonalschnitt/-schlag

FREIKAMPF - Kumite 形

⑩ MAE OKURI ASHI MIGI Gleitschritt vorwärts rechts	JODAN MAE UCHI UKE Schlagblock vorne oben		
MAE ASHI SABAKI Vorwärtsbewegung bis Ausgangspunkt	CHUDAN NO KAMAE Kontrolle des Zentrums & TORI	USHIRO ASHI SABAKI in der Rückwärtsbewegung	

FREIKAMPF - Kumite 形   TAISHIN RYU KOBUJITSU 体心流古武術

3rd KUMI 組 ...

TACHI 太刀 ... TANTO 短刀 ... YAWARABO 柔棒 ... HANBO 半棒
TANBO 短棒 ... TONFA トンファー ... HOJO 捕縄
- № ❸ -

UKE 受け		TORI 捕り	
Schrittbewegung	Handlung	Schrittbewegung	Handlung
	① CHUDAN bzw. SANKAKU NO KAMAE Waffenspitze Mitte		① CHUDAN bzw. SANKAKU NO KAMAE Waffenspitze Mitte
	② drückt/dreht Waffenspitze von TORI zur Seite nach unten links	② SAN JU KAKUDO HIRAKI ASHI MAE HIDARI 30°-Seitwärtsgleiten nach links vorne	direkt zu URA KESA KIRI bzw. MAWASHI UCHI entgegengesetzter Diagonalschnitt/-schlag
③ USHIRO ASHI SABAKI in der Rückwärtsbewegung...	CHUDAN URA MAE UCHI UKE entgegengesetzter Schlagblock		
		④ SAN JU KAKUDO HIRAKI ASHI MIGI 30°-Seitwärtsgleiten nach rechts	KESA KIRI bzw. MAWASHI UCHI Diagonalschnitt/-schlag
⑤ USHIRO ASHI SABAKI in der Rückwärtsbewegung...	JODAN MAE UCHI UKE Schlagblock vorne oben		
⑥ USHIRO TSUGI ASHI MIGI Gleitschritt rückwärts rechts	CHUDAN NO KAMAE Kontrolle des Zentrums & TORI	USHIRO ASHI SABAKI in der Rückwärtsbewegung	

FREIKAMPF - Kumite 形　　　　　　　　　　　TAISHIN RYU KOBUJITSU 体心流古武術

4th KUMI 組 ...

TACHI 太刀 ... TANTO 短刀 ... YAWARABO 柔棒 ... HANBO 半棒
TANBO 短棒 ... TONFA トンファー ... HOJO 捕縄
- № ❹ -

UKE 受け		TORI 捕り	
Schrittbewegung	Handlung	Schrittbewegung	Handlung
	① CHUDAN bzw. SANKAKU NO KAMAE Waffenspitze Mitte		① CHUDAN bzw. SANKAKU NO KAMAE Waffenspitze Mitte
② USHIRO TSUGI ASHI HIDARI Gleitschritt rückwärts links	CHUDAN bzw. SANKAKU NO KAMAE Waffenspitze Mitte	② USHIRO TSUGI ASHI HIDARI Gleitschritt rückwärts links	CHUDAN bzw. SANKAKU NO KAMAE Waffenspitze Mitte
③ MAE OKURI ASHI MIGI Gleitschritt vorwärts rechts	CHUDAN TSUKI Stich zur Körpermitte und Wegdrücken von TORI's Waffe nach links	③ MAE OKURI ASHI MIGI Gleitschritt vorwärts rechts	CHUDAN TSUKI Stich zur Körpermitte
		④ SAN JU KAKUDO HIRAKI ASHI MAE HIDARI 30°-Seitwärtsgleiten nach links vorne	URA CHUDAN TSUKI entgegengesetzter Stich zur Körpermitte
⑤ USHIRO ASHI SABAKI in der Rückwärtsbewegung...	CHUDAN URA MAE UCHI UKE entgegengesetzter Schlagblock		
		⑥ SAN JU KAKUDO HIRAKI ASHI MIGI 30°-Seitwärtsgleiten nach rechts vorne	KESA KIRI bzw. MAWASHI UCHI Diagonalschnitt/-schlag
⑦ USHIRO ASHI SABAKI in der Rückwärtsbewegung...	JODAN MAE UCHI UKE Schlagblock vorne oben		
MAE ASHI SABAKI Vorwärtsbewegung bis Ausgangspunkt	CHUDAN NO KAMAE Kontrolle des Zentrums & TORI	USHIRO ASHI SABAKI in der Rückwärtsbewegung	

FREIKAMPF - Kumite 形   TAISHIN RYU KOBUJITSU 体心流古武術

5th KUMI 組 ...

TACHI 太刀 ... TANTO 短刀 ... YAWARABO 柔棒 ...HANBO 半棒
TANBO 短棒 ...TONFA トンファー ... HOJO 捕縄
- № ❺ -

UKE 受け		TORI 捕り	
Schrittbewegung	Handlung	Schrittbewegung	Handlung
	① CHUDAN bzw. SANKAKU NO KAMAE Waffe haltend in Brusthöhe		① Aus Brusthöhe CHUDAN bzw. SANKAKU zu JODAN NO KAMAE Waffe anheben
		② MAE OKURI ASHI MIGI Gleitschritt vorwärts rechts	KIRI OTOSHI bzw. OTOSHI UCHI Abwärtsschnitt/-schlag
③ SAN JU KAKUDO HIRAKI ASHI MAE HIDARI 30°-Seitwärtsgleiten nach links vorne	JODAN AGE UKE HIDARI Aufwärtsblock nach links oben (Deckung der rechten Seite) und		
... mit HAN TAI SABAKI halber Körperdrehung	... URA KESA KIRI bzw. MAWASHI UCHI als entgegen-gesetzter Diagonalschnitt/-schlag-Konter	④ SAN JU KAKUDO HIRAKI ASHI MAE HIDARI 30°-Seitwärtsgleiten nach links vorne	JODAN URA MAE UCHI UKE entgegengesetzter Schlagblock oben vorne
		... mit HAN TAI SABAKI halber Körperdrehung	
		⑤ MAE ASHI SABAKI MIGI Vorwärtsschrittbewegung rechts	KESA KIRI bzw. MAWASHI UCHI Diagonalschnitt/-schlag
⑥ USHIRO ASHI SABAKI in der Rückwärtsbewegung...	JODAN MAE UCHI UKE Schlagblock vorne oben		
...MAE ASHI SABAKI in der Vorwärtsbewegung...	CHUDAN MAE TSUKI Stich nach vorne oben und dann Druck gegen die TSUBA von TORI	⑦ MAE ASHI SABAKI in der Vorwärtsbewegung...	CHUDAN MAE TSUKI Stich nach vorne oben und dann Druck gegen die TSUBA von UKE
... mit HAN TAI SABAKI halber Körperdrehung	... gekreuzte Waffen nach oben zu JODAN NO KAMAE anheben	... mit HAN TAI SABAKI halber Körperdrehung	... gekreuzte Waffen nach oben zu JODAN NO KAMAE anheben

FREIKAMPF – Kumite 形

TAISHIN RYU KOBUJITSU 体心流古武術

	⑧ Aus der Körperdrehung URA KESA KIRI bzw. MAWASHI UCHI entgegengesetzter Diagonalschnitt/ -schlag zum Knie		Aus der Körperdrehung GEDAN URA MAE UCHI UKE entgegengesetzter Schlagblock unten vorne
		⑥ SAN JU KAKUDO HIRAKI ASHI MIGI 30°-Seitwärtsgleiten nach rechts vorne	KESA KIRI bzw. MAWASHI UCHI Diagonalschnitt/- schlag
⑦ USHIRO ASHI SABAKI in der Rückwärtsbewegung…	JODAN MAE UCHI UKE Schlagblock vorne oben		
MAE ASHI SABAKI Vorwärtsbewegung bis Ausgangspunkt	CHUDAN NO KAMAE Kontrolle des Zentrums & TORI	USHIRO ASHI SABAKI in der Rückwärtsbewegung	

6th KUMI 組 ...

TACHI 太刀 ... TANTO 短刀 ... YAWARABO 柔棒 ... HANBO 半棒
TANBO 短棒 ... TONFA トンファー ... HOJO 捕縄
- № ❺ -

UKE 受け		TORI 捕り	
Schrittbewegung	Handlung	Schrittbewegung	Handlung
	❶ von CHUDAN bzw. SANKAKU zu JODAN NO KAMAE: Waffe von Mitte über Kopf heben		❶ von CHUDAN bzw. SANKAKU zu JODAN NO KAMAE: Waffe von Mitte über Kopf heben
❷ MAE TSUGI ASHI HIDARI Gleitschritt vorwärts links	Mit JODAN NO KAMAE: Waffe über dem Kopf	❷ USHIRO TSUGI ASHI MIGI Gleitschritt rückwärts rechts	von CHUDAN bzw. SANKAKU zu WAKI NO KAMAE Waffenspitze unten rechts
USHIRO OKURI ASHI HIDARI Gleitschritt rückwärts links	CHUDAN MAE UCHI UKE Schlagblock vorne mittig und dabei Waffe nach links wegdrücken	❸ MAE OKURI ASHI HIDARI Gleitschritt vorwärts rechts	JODAN KIRI AGE bzw. AGE UCHI Schnitt bzw. Schlag von unten nach oben zum Kopf
❹ SAN JU KAKUDO HIRAKI ASHI MAE HIDARI 30°-Seitwärtsgleiten nach links vorne	JODAN URA MAE UCHI UKE entgegengesetzter Schlagblock & dabei Waffe nach rechts wegdrücken	❹ SAN JU KAKUDO HIRAKI ASHI MAE HIDARI 30°-Seitwärtsgleiten nach links	JODAN URA KESA KIRI bzw. MAWASHI UCHI entgegengesetzter Schnitt bzw. Schlag zum Kopf
MAE TSUGI ASHI MIGI Gleitschritt vorwärts links	JODAN TSUKI Stich zum Hals	❺ SAN JU KAKUDO HIRAKI ASHI MAE MIGI 30°-Seitwärtsgleiten nach rechts	JODAN MAE SENSU UCHI UKE Fächerschlagblock und dabei Waffe nach links unten wegdrücken
	❻ anheben zu JODAN NO KAMAE		
		SAN JU KAKUDO HIRAKI ASHI MAE MIGI 30°-Seitwärtsgleiten nach rechts	JODAN KESA KIRI KIRI bzw. MAWASHI UCHI Schnitt bzw. Schlag zum Kopf
❽ USHIRO ASHI SABAKI Rückwärtsbewegung	CHUDAN NO KAMAE Kontrolle des Zentrums & TORI		

FREIKAMPF - Kumite 形　　　　　　　　　　　　TAISHIN RYU KOBUJITSU 体心流古武術

KI MUSUBI NO 気結びの...

TACHI 太刀 ... TANTO 短刀 ... YAWARABO 柔棒 ...HANBO 半棒
TANBO 短棒 ...TONFA トンファー ... HOJO 捕縄

UKE 受け		TORI 捕り	
Schrittbewegung	Handlung	Schrittbewegung	Handlung
	① CHUDAN bzw. SANKAKU NO KAMAE Waffenhaltung in Brusthöhe		① CHUDAN bzw. SANKAKU NO KAMAE Waffenhaltung in Brusthöhe
② USHIRO TSUGI ASHI MIGI Gleitschritt rückwärts rechts		② USHIRO TSUGI ASHI MIGI Gleitschritt rückwärts rechts	
③ MAE ASHI SABAKI HIDARI Vorwärtsbewegung mit links	von CHUDAN bzw. SANKAKU zu JODAN NO KAMAE Waffe von Mitte über Kopf heben…	③ MAE ASHI SABAKI HIDARI Vorwärtsbewegung mit links	von CHUDAN bzw. SANKAKU zu JODAN NO KAMAE Waffe von Mitte über Kopf heben…
	von JODAN bzw. zu WAKI NO KAMAE Waffenspitze unten rechts		von JODAN bzw. zu WAKI NO KAMAE Waffenspitze unten rechts
④ SAN JU KAKUDO HIRAKI ASHI MAE MIGI 30°-Seitwärtsgleiten nach vorne rechts	JODAN MAE UCHI UKE Schlagblock & dabei Waffe nach links wegdrücken	④ SAN JU KAKUDO HIRAKI ASHI MAE MIGI 30°-Seitwärtsgleiten nach vorne rechts	JODAN KESA KIRI bzw. MAWASHI UCHI Diagonalschnitt bzw. Halbkreisschlag zum Kopf
USHIRO OKURI ASHI HIDARI Gleitschritt rückwärts links	GEDAN bzw. SANKAKU NO KAMAE Waffenhaltung unten bzw. Dreieckecks-Waffenhaltung …	⑤ MAE ASHI SABAKI HIDARI Vorwärtsbewegung mit links	von CHUDAN bzw. SANKAKU zu JODAN NO KAMAE Waffe von Mitte über Kopf heben…
	daraus JODAN KIRI AGE bzw. AGE UCHI Schnitt bzw. Schlag von unten nach oben zum Kopf		Versuch JODAN KESA KIRI bzw. MAWASHI UCHI Diagonal-Schnitt bzw. Halbkreis-Schlag zum Kopf
⑥ SAN JU KAKUDO HIRAKI ASHI MAE HIDARI 30°-Seitwärtsgleiten nach links	JODAN URA KESA KIRI bzw. MAWASHI UCHI entgegengesetzter Schnitt bzw. Schlag zum Kopf	⑥ SAN JU KAKUDO HIRAKI ASHI MAE HIDARI 30°-Seitwärtsgleiten nach links	JODAN URA MAE UCHI UKE entgegengesetzter Schlagblock oben vorne

FREIKAMPF – Kumite 形   **TAISHIN RYU KOBUJITSU 体心流古武術**

		⑦ USHIRO ASHI SABAKI HIDARII Rückwärtsbewegung mit links	erneut Waffe über Kopf heben & Versuch JODAN KESA KIRI bzw. MAWASHI UCHI Diagonal-Schnitt bzw. Halbkreis-Schlag zum Kopf
⑧ SAN JU KAKUDO HIRAKI ASHI MAE MIGI 30°-Seitwärtsgleiten nach rechts	JODAN KESA KIRI bzw. MAWASHI UCHI Schnitt zum linken Arm bzw. Schlag zum Kopf und Kontrolle von TORI		

14.4 Freier Waffenkampf - JIYU KUMITE 自由組手

JIYU bedeutet so viel wie „Freiheit" oder „sich selbst vertrauen". „TAISHIN RYU KOBUJITSU" erfasst hiermit den „wahren Freikampf", bei dem weder Angriffs- noch Abwehrtechniken vorausgesagt und auch alle begleitenden Techniken „frei", un-improvisiert ausgeführt werden. Diese Art des KUMITE wird vorwiegend in den DAN- sowie KYU-Programmen (ab Blau-Gurt) trainiert und beinhaltet den „freien Kampf" zwischen zweien und mehreren Kämpfern. Dazu stellen sich zwei gegenüber (TORI und UKE), im fortgeschrittenen Bereich sogar mehrere Angreifer um einen UKE gleichmäßig verteilt. Nach kurzer Ansage erfolgen die Angriffe und UKE reagiert frei mit Abwehr und Kontern.

In dieser Kampfform des JIYU KUMITE wird mit „Schützern" (sog. SAFETIES, wie Kopf-, Arm-, Hand-, Brust-, Tief-, Bein- und Spannschutz) sowie mit „gepolsterten" Übungswaffen trainiert, um das Verletzungsrisiko zu minimieren. Diese Schutzausrüstung mit Übungs-waffen (aus Gummi und Schaumstoff) können sie auf den folgenden Bildern sehen:

Schutzausrüstung

Kopfschutz

Armschutz

Handschutz

Brustschutz

Tiefschutz

Bein-/Spannschutz

"Safety" - Übungswaffen

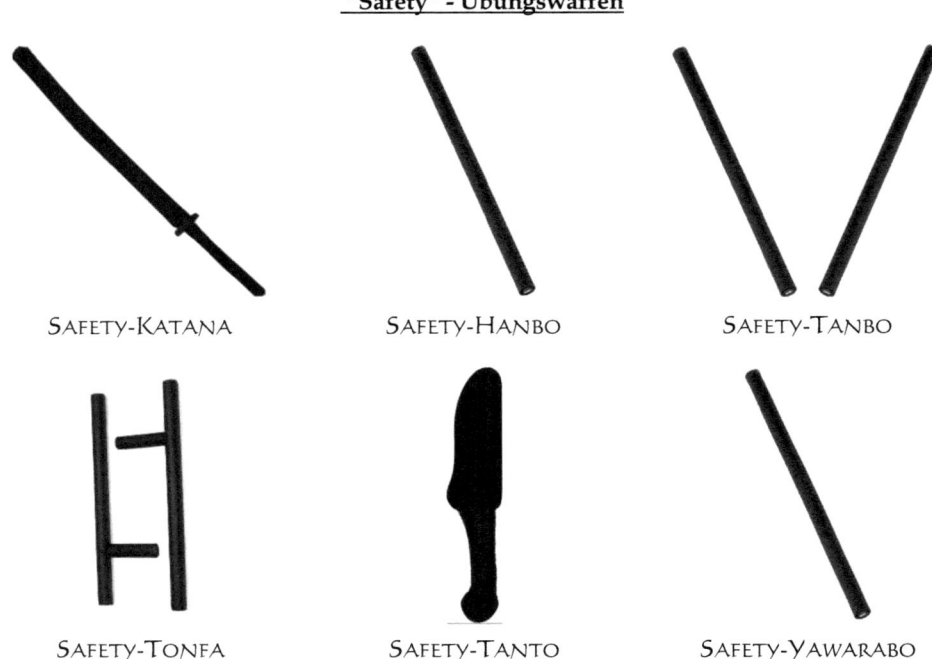

SAFETY-KATANA   SAFETY-HANBO   SAFETY-TANBO

SAFETY-TONFA   SAFETY-TANTO   SAFETY-YAWARABO

Kernintention ist dabei rein instinktives, intuitives und dabei realistisches Handeln, was nur mit einem „reinen und freien Geist" möglich ist. Der Geist muss „frei" (nicht nur der Kampf ist „frei", sondern auch der Geist) von ablenkenden Gedanken (i.S.v. MU = Nichts und KU = Leere), konzentriert und zielfokussiert sein, sowie ungehindert fließen können, um jede Bewegung der Angreifer aufnehmen und dessen Absichten frühzeitig erkennen sowie adäquat darauf agieren zu können. Geist und Körper sowie die verwendete Waffe (z.B. das Schwert = KEN) bilden dabei eine Einheit (SHIN-KEN-TAI-NO-ICHI = Geist, Schwert und Körper sind eins). Ein „voller", d.h. nicht „leerer" Geist hemmt die Körperbewegung (TAI SABAKI). Das alles erfordert jahrelanges Training, damit sich die Abläufe automatisieren.
JIYU KUMITE ist das Kernstück des KOBUJITSU. Die Grundbasis (KIHON WAZA) in Verbindung mit den Formen (KATA) sollte zuvor ausgiebig eingeübt und damit automatisiert sein, bevor man sich dieser KUMITE-Form widmet. Denn sie erfordert vor allem eins: Spontanität, eine sehr gute Kontrolle und Konzentration, um Verletzungen zu vermeiden.

Kapitel 15:

Theorie

15.1 ATEMI-TE 当身手 / KYUSHO 急所 – Druck-/Schlag-/Stoß-/Nervenpunkte

„ATEMI-TE" ist die Kunst, einen Widersacher durch be- und unbewaffnete Druck-, Schlag- oder Stoßtechniken auf ausschlaggebende Nerven- und Vitalpunkte des menschlichen Körpers zu lähmen bzw. aktionsunfähig zu machen. „ATEMI-WAZA" sind dabei die Gruppe sämtlicher Techniken auf die vitalen Nervenpunkte des menschlichen Körpers und „KYUSHO" die sensiblen, menschlichen Nervendruck- und Vitalpunkte selbst. Durch eine „negative" Stimulation an diesen empfindlichen Stellen kann neben Schmerz auch ein Zustand verminderter Leistungs- und Funktionsfähigkeit erzeugt werden. Die Körperfunktionen werden dadurch gezielt beeinflusst. Die weiteren Wirkungen reichen von schwerem Schock, Ohnmacht, Lähmung bis sogar zum Tod. Entsprechendes Fachwissen hierüber ist somit notwendig.

	Angriffsziel	**Wirkung**
01.	Hinterhauptnerv	Bewusstlosigkeit, Gehirnerschütterung
02.	Schläfe	Bewusstlosigkeit, Tod möglich
03.	Nasenwurzel	Epistaxis, Riechstörungen
04.	Ohren	Gehör- und Gleichgewichtsstörungen
05.	Augen	Nervenreflex, Erblinden, Herzstillstand
06.	Genick	Tod möglich, Lähmungserscheinungen
07.	Ausläufer	Schmerzempfinden
08.	Punkte hinter Ohr	Schmerzempfinden, Gleichgewichtsstörungen
09.	Nasenspitze/ -bein	Epistaxis, Riechstörungen
10.	Zahnausläufer	Bewusstlosigkeit
11.	Kinnspitze	Bewusstlosigkeit, Bruch
12.	Halsschlagader	Bewusstlosigkeit, Tod möglich
13.	Kehlkopf	Bewusstlosigkeit, Tod möglich
14.	Schlüsselbein-Vertiefung	Schmerzempfinden, begrenzte Lähmungserscheinung
15.	Schlüsselbein	Schmerzempfinden
16.	Brustbein	Schmerzempfinden, Bewusstlosigkeit
17.	Achselhöhle	begrenzte Lähmungserscheinung
18.	Herzspitze	Schmerzempfinden
19.	Solar Plexus	Bewusstlosigkeit, Tod möglich
20.	Ellenbeuge	Bruch
21.	Kurze Rippen	Schmerzempfinden
22.	Brust	Rippenbruch
23.	Leber	Schmerzempfinden, Leberriss
24.	Nabel	innere Verletzungen, Tod möglich
25.	Harnblase	innere Verletzungen, Tod möglich
26.	Leiste	Schmerzempfinden, Leistenbruch
27.	Hoden	Schmerzempfinden, Bewusstlosigkeit
28.	Finger	Überdehnung, Verstauchung, Bruch
29.	Knie, Kniescheibe	Funktionsausfall, Verstauchung, Bruch
30.	Kreuzbänder	Funktionsausfall, Überdehnung, Bruch
31.	Äußerer Knöchel	Überdehnung, Bruch, Bänderriss

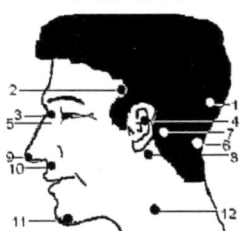

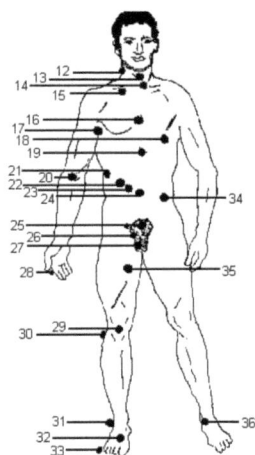

THEORIE

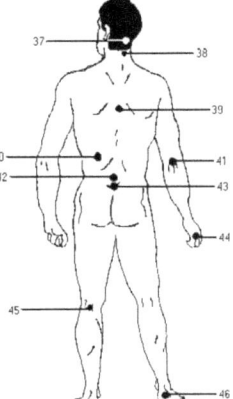

	Angriffsziel	Wirkung
32.	Spann	Bruch, Prellung
33.	Zehen	Schmerzempfinden, Verstauchung, Bruch
34.	Milz	Schmerzempfinden, Tod möglich
35.	Schienbein	Schmerzempfinden, Funktionsausfall, Bruch
36.	Innerer Knöchel	Bruch, Überdehnung, Verstauchung
37.	Hinterhauptnerv	Bewusstlosigkeit
38.	Genick	Lähmungserscheinungen, Tod möglich
39.	Wirbelsäulenmitte	Lähmungserscheinungen
40.	Nieren	Schmerzempfinden, Tod möglich
41.	Ellenbogen	Bruch
42.	Kreuzbein	Lähmungserscheinungen, Kreuzbeinriss
43.	Steißbein	Schmerzempfinden, Lähmungserscheinungen
44.	Finger	Überdehnung, Verstauchung, Bruch
45.	Kniekehle	Überdehnung
46.	Achillessehne	Schmerzempfinden, Riss

15.2 Notwehr-/Waffen-Recht

Die Ver- und Anwendung von Gegenständen bzw. Waffen zur „Selbstverteidigung" in einer sog. „Notwehrsituation" soll nachfolgend kurz skizziert werden, da dies auch zum Betreiben einer „Waffenkampfkunst" gehört und folglich fundamentales Wissen in diesem Zusammenhang sein sollte... nein, sogar sein muss. Die Fragen die sich in diesem Zusammenhang einem „Kampfkünstler", insbesondere der mit „Waffentrainierende" (...natürlich andere auch...), stellen sollten, sind:

1. Wann genau befindet man sich in einer sog „Notwehrsituation"?
2. Wo endet diese, wo sind die Grenzen und wie weitreichend sind diese?
3. Darf man auch Dritten, also anderen, helfen
4. Darf man Kampfkunsttechniken anwenden und wo sind die Grenzen?
5. Darf ich auch Gegenstände bzw. Waffen zur Verteidigung einsetzen?

Dies sind nur die wichtigsten Fragen, die es in diesem Kontext zu beantworten gilt. Das „Notwehrrecht" und die dazugehörigen gesetzlichen Bestimmungen sind in erster Linie u.a. in den §§ 32 ff. StGB geregelt.

zu 1: Wenn gem. § 32 I StGB jemand eine Tat begeht, die durch „Notwehr" geboten ist, handelt dieser nicht rechtswidrig. Gem. § 32 II StGB ist „Notwehr" die Verteidigung, die erforderlich ist, um einen gegenwärtigen, rechtswidrigen Angriff von sich oder einem anderen abzuwenden. Frage i.d.S. ist daher, was ist ...

THEORIE

erforderlich ... gegenwärtig ... rechtswidrig ..., was ist ein *Angriff ...* und *... von sich und anderen?*

> *...erforderlich...* ist diejenige Verteidigung, die geeignet ist, eine sofortige Beendigung des Angriffs herbeizuführen. Dabei ist das mildeste Mittel zu wählen und einzusetzen, damit der „Grundsatz der Verhältnismäßigkeit" gewahrt bleibt.

> *...gegenwärtig...* ist der Angriff, wenn dieser gerade (jetzt) stattfindet oder zumindest immediat und unmittelbar bevorsteht. Auf das „Notwehrrecht" kann sich nicht berufen, wer seine Verteidigung zeitversetzt bzw. „später" ausübt. Diesen Faktor gilt es selbst einzuschätzen.

> *...rechtswidrig...* ist der Angriff, wenn der Angreifer nicht „mit Recht" handelt, sondern im „Unrecht" ist. Seine Handlung ist „gesetzwidrig" und beruht nicht auf gesetzlichen Befugnissen (wie beispielsweise bei polizeilichen Maßnahmen). Die Handlung ist i.d.S. insgesamt widerrechtlich und damit auch strafbar.

> *...Angriff...* ist jede unmittelbare Bedrohung rechtlich geschützter Güter durch menschliches Verhalten. Ein Wille des Angreifers ist nicht erforderlich.

> *...von sich und anderen...* bedeutet, dass man auch anderen Menschen und Personen, unter den gleichen Voraussetzungen der Notwehr, helfen kann, überwiegend sogar helfen muss (§ 323 StGB: Unterlassene Hilfeleistung).

zu 2:   Wenn der Angriff abgewehrt ist und kein neuer mehr droht, endet auch die „Notwehrsituation". Ist der Angreifer angriffsunfähig (ggf. mit Sicherung) und es wird kein weiterer Angriff erfolgen, dann muss die Verteidigungshandlung abgeschlossen sein. Lediglich noch nachsichtige Sicherungsmaßnahmen sind zur Angriffseindämmung noch denkbar und opportun. Auch hier gilt der *„Grundsatz der Verhältnismäßigkeit"*.
Fatal wird es nur dann, wenn man diesen Irrtum hätte vermeiden können. Dies betrifft auch Situationen der Nothilfe (siehe zu 3.).
Notwehr-Überschreitungen sind im sog. *Notwehrexzeß* zu finden. Diese sind gegeben, wenn erforderliche Verteidigungshandlungen rechtmäßig in Notwehrsituationen beginnen, dann aber die Grenzen des jeweils Notwendigen überschreiten. Die Verteidigungshandlung wird nicht rechtzeitig beendet und dies obwohl keine unmittelbare Bedrohung und Gefahr mehr vom Angreifer ausgehen. Notwehr ist nicht mehr gegeben.
Es gibt verschiedene Irrtums-Arten, bei dem die „Schuld-" und „Vorsatz-" Fragen im Fokus der juristischen Betrachtungsweise stehen. Auf eine tiefgreifende juristische Exkursion zu diesem Thema möchte ich aber an dieser Stelle verzichten. Eine Unrechtmäßigkeit liegt aber nicht beim sog. *„Erlaubnistatbestandsirrtum"* vor. Die Betroffenen gehen von einer Gegebenheit aus, die, wenn sie wirklich vorliegen würde, dazu führen würde, dass sie straffrei wäre. Beim sog. *„Verbotsirrtum"* irren

die Betroffenen über das Verbotensein der Tat. Sie gehen davon aus, dass ihr Handeln notwendig sei, und handeln auch, obwohl sie es nicht durften. Ausschlaggebend ist aber hier die objektive Betrachtungsweise. Ergibt sich hieraus, dass man nicht hätte handeln dürfen, war die Handlung unrechtmäßig und kann wegen fahrlässiger Begehung bestraft werden.

Eine andere Form ist die *„Notwehrprovokation"*. Diese liegt vor, wenn jemand die Notwehrsituation, folglich den *gegenwärtigen rechtwidrigen Angriff* selbst verursacht und provoziert hat. Wenn also eine Person eine andere dazu bringt, diesen anzugreifen, kann sich der sog. „Provokateur" nicht mehr auf Notwehr berufen.

zu 3: Hier spricht man nicht von Notwehr, sondern von „Nothilfe". Befindet sich jemand anderer (ein Dritter) in einer „Notwehrsituation", so darf man mit allen Mitteln der Notwehr „Nothilfe" leisten, wenn dieser jemand die Unterstützung der „Nothilfe" auch in Anspruch nehmen will. Da dies situationsbedingt *ad hoc* oft nicht geklärt werden kann, erfolgt die „Nothilfe" i.d.R. unter der subjektiven Einschätzung der Notwehrsituationskriterien. Dabei kann es passieren, dass man einem Irrtum unterliegt (siehe oben).

zu 4: Die Beantwortung dieser Frage lautet „ja". Sofern Kampfkunsttechniken wie Hebel, Schläge und Tritte die effektivsten und auch verhältnismäßigsten Verteidigungsformen sind, dürfen diese auch eingesetzt werden.
Aber auch hier gelten die zu Pkt. 2 auf- und ausgeführten Grenzen, die es dann zu beachten gilt.

zu 5: In einer Notwehrsituation darf man sich so verteidigen, dass man einen Angriff *de facto* abwehren kann.
Die Verteidigungshandlung sollte jedoch *erforderlich* sein, wie wir schon gehört haben. Egal ob diese mit Gegenständen oder Waffen erfolgt. Diese sind erforderlich, wenn sie geeignet sind, den Angriff sofort zu beenden. Entscheidend ist aber, dass dabei nach dem *„Grundsatz der Verhältnismäßigkeit"* das mildeste Mittel einzusetzen ist. Dies ist insgesamt schwierig zu beurteilen, ob im Einzelfall zur Beendigung eines Angriffs ein milderes Mittel zur Verfügung gestanden hätte. Zumindest müsste das eingesetzte Mittel angemessen, bzw. nicht unangemessen sein. Unangemessen wäre es, wenn die Verteidigungshandlung zum Anlass (z.B. auf eine Beleidigung erfolgt ein Schlag mit dem Schirm) sowie zur Angriffsart (z.B. auf einen Faustangriff erfolgt ein Messerstich) außer Verhältnis stehen würden. Dieses Verhältnis lässt sich aber nur im Einzelfall bestimmen. Ferner ist zu berücksichtigen, ob die eingesetzten Mittel (Gegenstände oder Waffen) ggf. unter das Waffengesetz fallen und ggf. gar nicht hätten eingesetzt werden dürfen.

Nun folgt in diesem Zusammenhang eine etwas genauere Betrachtung des Waffenrechtes, da ja im „**TAISHIN RYU KOBUJITSU**" offensichtlich mit „Waffen" trainiert wird (…oder

nicht?). Dies und andere Fragen soll nachfolgend kurz angerissen und erklärt werden. Auf eine umfangreiche juristische Erläuterung wird aber an dieser Stelle verzichtet.

Der Umgang mit Waffen im „TAISHIN RYU KOBUJITSU" impliziert Grundsatzfragen: Für jeden Kampfkünstler, sowohl ohne, als auch speziell mit Waffentraining, stellt sich die Frage, welche Waffen überhaupt in Deutschland (...aber auch im Ausland...) gestattet sind, bzw. welche gesetzliche Rahmenbedingungen bestehen und was zu beachten ist. Der „KOBUJITSUKA" will nur seinem Training und der Waffenkampfkunst nachgehen und nicht mit dem Gesetz in Konflikt geraten. Dennoch ... „*Unwissenheit schützt vor Strafe nicht*" ... wie ein alter Rechtsgrundsatz lautet. Daher sollte man sich diesem Thema auch widmen, was auch nachfolgend kurz geschehen soll. Aufgrund der Themenkomplexität, die hier bei sachgerechter Darstellung den Rahmen sprengen würde, wird an dieser Stelle die Thematik nur „oberflächlich" angerissen und zumindest die wichtigsten Bestimmungen aufgeführt, so dass ein grober Überblick möglich ist. Nachfolgend werden daher auch nur die im „TAISHIN RYU KOBUJITSU" verwendeten „Waffen" thematisiert.

In Deutschland ist das Waffenrecht vor allem durch das Waffengesetz (WaffG), allgemeine Verwaltungsvorschriften und Verordnungen normiert. Das deutsche Waffengesetz (Quelle: Bundesministerium der Justiz) wurde im Jahre 2002 neu verabschiedet sowie 2008 überarbeitet. Es zählt zum Bundesrecht. Das Waffenrecht behandelt u.a. die Vorschriften über Hieb-, Stich- und Stoßwaffen. Es regelt ferner die Zulassung (waffen- und personenbezogen), den Handel, den Erwerb und Besitz, die Aufbewahrung sowie den Gebrauch von Waffen. Auch definiert es verbotene Waffen (z. B. NUNCHAKU, Springmesser, Schlagringe, u.ä.) und verbietet deren Besitz und Handel. Wenn Waffen verboten sind, ist weder Erwerb, noch Besitz, noch Führen gestattet.

Das Waffengesetz gem. § 1 I WaffG „regelt den Umgang mit Waffen oder Munition unter Berücksichtigung der Belange der öffentlichen Sicherheit und Ordnung". Es definiert im Absatz 2, was überhaupt Waffen i.S.d. WaffG sind. Neben „Schusswaffen oder ihnen gleichgestellte Gegenstände" sind dies „tragbare Gegenstände,

Das Waffengesetz gem. § 1 I WaffG „regelt den Umgang mit Waffen oder Munition unter Berücksichtigung der Belange der öffentlichen Sicherheit und Ordnung". Es definiert im Absatz 2, was überhaupt Waffen i.S.d. WaffG sind. Neben „Schusswaffen oder ihnen gleichgestellte Gegenstände" sind dies „tragbare Gegenstände,

  a) die ihrem Wesen nach dazu bestimmt sind, die Angriffs- oder Abwehrfähigkeit von Menschen zu beseitigen oder herabzusetzen, insbesondere Hieb- und Stoßwaffen;

  b) die, ohne dazu bestimmt zu sein, insbesondere wegen ihrer Beschaffenheit, Handhabung oder Wirkungsweise geeignet sind, die Angriffs- oder Abwehrfähigkeit von Menschen zu beseitigen oder herabzusetzen, und die in diesem Gesetz genannt sind."

Ein weiterer wichtiger Paragraph des WaffG ist in diesem Zusammenhang § 42a WaffG. Danach ist es u.a. verboten Hieb- und Stoßwaffen nach Anlage 1 Abschnitt 1 Unterabschnitt

THEORIE

2 Nr. 1.1 oder Messer mit einhändig feststellbarer Klinge (Einhandmesser) oder feststehende Messer mit einer Klingenlänge über 12 cm zu führen. Dieses Verbot gilt aber nicht für
    a)   die Verwendung bei Foto-, Film- oder Fernsehaufnahmen oder Theateraufführungen,
    b)   den Transport in einem verschlossenen Behältnis,
    c)   das Führen der Gegenstände nach Absatz 1 Nr. 2 und 3, sofern ein berechtigtes Interesse vorliegt.

Ein solches berechtigtes Interesse liegt insbesondere vor, wenn das Führen der Gegenstände im Zusammenhang mit der Berufsausübung erfolgt, der Brauchtumspflege, dem Sport oder einem allgemein anerkannten Zweck dient.
Da das Training des „TAISHIN RYU KOBUJITSU" und ähnlicher BUDO - Kampfkünste sowohl Sport ist, als auch die Brauchtumspflege im traditionellen BUDO impliziert, kann der KOBUJITSUKA sich auf diesen Tatbestand beziehen.
Der Umgang mit Waffen ist gem. § 2 WaffG nur ab dem 18. Lebensjahr gestattet. Jugendliche dürfen aber im Rahmen eines Ausbildungs- oder Arbeitsverhältnisses gem. § 3 WaffG abweichend hiervon unter Aufsicht eines weisungsbefugten Waffenberechtigten u.a. mit Waffen umgehen. Die zuständige Behörde kann für Kinder und Jugendliche allgemein oder für den Einzelfall Ausnahmen von Alterserfordernissen zulassen, wenn besondere Gründe vorliegen und öffentliche Interessen dem nicht entgegenstehen.
Wer eine Waffe führt, muss aber gem. § 38 I WaffG zumindest seinen Personalausweis oder Pass mit sich führen und diesen Polizeivollzugsbeamten oder sonst zur Personenkontrolle Befugten auf Verlangen zur Prüfung aushändigen.

Nachfolgend nun eine kurze waffenrechtliche Prüfung, der im „TAISHIN RYU KOBUJITSU" verwendeten Waffen:

KATANA/ BOKKEN

Insgesamt ist es schwierig asiatische Kampfsport- und Blankwaffen innerhalb des deutschen Waffenrechtes richtig einzustufen. Bei Schwertern mit Klingen aus Metallen (z.B. KATANA, IAITO, WAKIZASHI) sind diese jedoch in den meisten Fällen als Waffen einzustufen, obwohl je nach Einzelfall zu entscheiden ist. Geht nämlich aus der „Herstellerschwertkonstruktion" der „Nicht-Waffenbau" hervor, ist die Waffeneigenschaft zu verneinen. Abgestumpfte Schwertspitzen und stumpfe Schwertschneiden deuten eher auf eine waffenuntypische Prädestination für Sport-, Brauchtumspflege- oder Dekorationszwecke hin. Beinhalten also asiatische Kampfsport- und Blankwaffen diese zuvor genannten Voraussetzungen sind dies keine Waffen i.S.d. WaffG. Spitze und scharfe Schwerter sind jedoch Waffen i.S.d. WaffG in Form „tragbarer Gegenstände", sowie „insbesondere Hieb- und Stoßwaffen". Dazu muss man älter als 18 Jahre alt sein. Jüngere müssen die bereits genannten Ausnameregelungen erfüllen. Der Umgang damit ist aber nicht verboten und es wird auch kein Waffenschein für Schwerter benötigt. Dessen Erwerb ist ab 18 Jahren frei und sie sind frei verkäuflich. Als

THEORIE

Waffen der Brauchtumspflege, des Sports und für Sammler („allgemein anerkannter Zweck") ist beim „Führen" eines Katana Vorsicht geboten, da diese nur in einem nach Möglichkeit verschließbaren Behältnis oder einer Tasche transportiert werden dürfen und dies nur auf kürzestem Weg von zu Hause zur Trainingsstätte (z.B. Dojo). Umwege oder das Zurücklassen der Waffe im Fahrzeug sind nicht erlaubt. Für Demonstrationen, öffentliche Vorführungen, Seminare oder ähnlichen Darbietungen wer-den keine behördlichen Genehmigungen benötigt. Dies gilt auch für das Training im Dojo und in/auf Privatobjekten. BOKKEN als Holzschwerter sind traditionelle Nachbildungen des KATANA und für Übungszwecke bestimmt, um sich Verletzungen beim realistischem Training weitgehend zu entziehen. Trotz dennoch theoretischer Gefährlichkeit (mit dem BOKKEN können dessen ungeachtet tödliche Verletzungen verursacht werden), ist beim BOKKEN dennoch von einer Nicht-Waffe i.S.d. WaffG auszugehen, da es lediglich als Trainingsgerät für den Schwertkampf hergestellt und verwendet wird, so dass dies gegen die Eigenschaft als Waffe spricht.

TANTO

Der Bereich TANTO, also „Messer", ist im WaffG etwas genauer geregelt. Der Erwerb, Transport und Besitz solcher Messer mit einhändig feststellbarer oder feststehender Klinge, sowie solche mit über 12 cm Klingenlänge sind erlaubt, dürfen aber nicht „geführt" werden. Ausnahmen sind hier die gleichen, wie schon aufgeführt. Das „Führen" ist aber erlaubt bei beispielsweise normalen Taschenmesser und sog. „Fahrtenmesser" mit feststehender Klinge bis 12 cm. Taschenmesser oder Küchenmesser sind von ihrer Konstruktion und beabsichtigten Verwendung nicht dazu bestimmt, die "Angriffs- oder Abwehrfähigkeit von Menschen zu beseitigen" und damit generell nicht verboten, sofern sie als feststehende Messer eine Klingenlänge von über 12cm nicht übersteigen und/oder als Einhandmesser nicht mit nur einer Hand geöffnet werden können. Daraus folgend, fallen Küchenmesser aller Art, über 12 cm Klingenlänge, nun unter die Bestimmungen des WaffG. Trotz erheblichem Gefährdungspotenzial fallen Rasiermesser mit weniger als 12 cm Klingenlänge jedoch nicht darunter. Waffeneigenschaftslose Trainingsmesser sind dann auch keine Waffen. Die Waffeneigenschaft besitzen aber sogenannte

    a) „Springmesser", deren Klingen auf Knopf- oder Hebeldruck hervorschnellen und hierdurch oder beim Loslassen der Sperrvorrichtung festgestellt werden können,

    b) „Fallmesser", deren Klingen beim Lösen einer Sperrvorrichtung durch ihre Schwerkraft oder durch eine Schleuderbewegung aus dem Griff hervorschnellen und selbsttätig oder beim Loslassen der Sperrvorrichtung festgestellt werden,

    c) „Faustmesser", mit einem quer zur feststehenden oder feststellbaren Klinge verlaufenden Griff, die bestimmungsgemäß in der geschlossenen Faust geführt oder eingesetzt werden,

    d) „Butterflymesser", Faltmesser mit zweigeteilten, schwenkbaren Griffen,

e) „Wurfsterne", sternförmige Scheiben, die nach ihrer Beschaffenheit und Handhabung zum Wurf auf ein Ziel bestimmt und geeignet sind, die Gesundheit zu beschädigen (also nicht die „BO-SHURIKEN").

Sollten Messerarten nicht unter diese Bereiche fallen, dann sind sie „frei" für den Erwerb, Besitz und beim Führen. Zusammenfassend kann man noch mal feststellen, dass Faustmesser und Butterflymesser durchgängig verboten sind, Spring- und Fallmesser jedoch nur im Allgemeinen. Sonderfälle sind Springmesser, deren maximal 8,5cm lange Klinge seitwärts heraus springt und dabei nicht beidseitig geschliffen ist. Wurfsterne sind generell verboten, jedoch nicht die im KENJITSU verwendeten „BO-SHURIKEN" als Wurfbolzen, die keine „Wurfsterne" sind. Es ist zu beachten, dass die unter das WaffG fallenden Messer (genauer gesagt alle Waffen i.S.d. WaffG) nicht bzw. nur bei geringfügigen Ausnahmen zu öffentlichen Veranstaltungen mitgeführt werden dürfen. Hingegen existiert eine ausnahmslose Waffensicherungspflicht, wonach es z.B. nicht erlaubt ist, u.a. Messer als Waffen i.S.d. WaffG (wie Schwerter, Säbel, Kampfmesser, u.ä.) zu Dekorationszwecken aufzuhängen, da sie dann durch unbefugte Erlangung zu einem Missbrauch führen könnten und sind daher besonders zu sichern. § 36 I S.1 WaffG schreibt vor, dass Waffenbesitzer „erforderliche Vorkehrungen" zu treffen haben, um deren abhandenkommen oder die unbefugte Ingebrauchnahme durch andere zu verhindern.

YAWARABO/HOJO

Beim YAWARABO (rechtliche Bezeichnung: „KUBOTAN") als „Nervenstock" könnte man davon ausgehen, dass dieser ausschließlich zum Einsatz gegen die Vitalpunkte des Menschen hergestellt wird und eingesetzt werden soll. Es läge demnach eine gezielte Zweckbestimmung vor. Das Bundeskriminalamt (BKA) als zuständige Behörde hat dies aber in einem amtlichen Feststellungsverfahren anders bewertet und entschieden. Es stellte in einem Bescheid (AZ SO11-5164.01-Z-170, vom 05.03.2008) fest, dass dieser „tragbare Gegenstand" als Nicht-Waffe nicht unter die Bestimmungen des WaffG fällt und damit auch nicht verboten ist. In der Begründung wurde vorgetragen, dass nicht jeder Gegenstand, der als Waffe geeignet wäre, sogleich als Hieb- und Stoßwaffe zu gelten hat. Vielmehr müssen solche Gegenstände „von vornherein nach Gestaltung und Bedienung als Waffe im technischen Sinne erkennbar sein". Dies sei hier jedoch nicht gegeben und damit läge keine Waffe i.S.d. WaffG vor. Bei einem Seil („HOJO") liegt, nach den Kriterien des Waffenrechtes, eindeutig keine Waffeneigenschaft vor.

HANBO/TANBO

Gerade diese beiden Stockarten werden in verschiedenen Kampfkunstarten (z.B. ARNIS, ESCRIMA, KOBUDO / -JITSU u.a.) in wachsendem Maße als „Kampfkunstwaffen" trainiert. Dessen ungeachtet sind ihnen die „Waffeneigenschaften" nicht anzusehen, weil sie äußerlich nicht von normalen „Spazierstöcken" zu unterscheiden sind. Gleichwohl können sie schnell zur Verteidigung und als „Waffe" eingesetzt werden. Sie sind aber keine Waffen i.S.d. WaffG aufgrund der bereits zuvor genannten Erklärungen und Begründungen.

Nur beim Vorliegen eines eindeutigen Waffencharakters i.S.d. WaffG, wie beispielsweise bei einzelnen Schlagstöcken (mit konischem Verlauf, Handschlaufe, ausgeformten Griff, Parierelement), fallen diese unter die Bestimmungen des WaffG. Dazu kann ein normaler Schlagstock, ein Teleskopschlagstock, ein Räum- und Abdrängstock gehören, wenn sie die zuvor genannten Eigenschaften mitbringen. HANBO / TANBO gehören nicht dazu.

Sollte ein eindeutiger Waffencharakters vorliegen, besteht aber ein Führverbot. Damit ist vereinfacht das Verbot des zugriffsbereiten Tragens der Waffe im unmittelbaren Einwirkungsbereich (z.B. im Auto, am Gürtel, in der Jacke, usw.) außerhalb des eigenen befriedeten Besitztums bzw. der Geschäftsräume gemeint. Ausnahmen davon sind, wie bereits dargestellt, nur zu Film- und TV-Aufnahmen, Theatervorführungen, zur Berufsausübung, Brauchtumspflege, zum Sport oder zu einem allgemein anerkannten Zweck (z.B. Sammlung) möglich. Also für den Budo - Sport, die BUDO - Brauchtumspflege und für die BUDO - Sammlung sind HANBO / TANBO zulässig.

TONFA

Beim TONFA handelt es sich hinsichtlich der zuvor benannten „Waffeneigenschaftskriterien" zweifelsfrei um eine Hieb- und Stoßwaffewaffe i.S.d. WaffG, da es ein „Gegenstand ist, der seinem Wesen nach dazu bestimmt ist, unter unmittelbarer Ausnutzung der Muskelkraft durch Hieb, Stoß, Stich, Schlag oder Wurf Verletzungen beizubringen".

Als Waffe darf er demnach erst ab dem 18. Lebensjahr erworben, besessen und transportiert werden. Das Führen von TONFA ist grundsätzlich verboten. Dabei spielt es keine Rolle, ob dieser in der klassischen oder in der modernen Konstruktion hergestellt wurde.

Ähnlich den anderen KOBUJITSU - Waffen ist aber die Verwendung des TONFA bei Foto-, Film- oder Fernsehaufnahmen, Theateraufführungen, der Transport in einem verschlossenen Behältnis oder das Führen im Rahmen eines berechtigten Interesses, was beispielsweise im Zusammenhang mit der Berufsausübung, der Brauchtumspflege, dem Sport oder einem allgemein anerkannten Zweck gegeben ist, von dieser Regelung ausgenommen. Ergo, wie zuvor schon erörtert, für BUDO-Sport, -Brauchtumspflege und -Sammlung geeignet.

Das Tonfa zählt zu den "erlaubnisfreien Waffen", so dass der Umgang mit dieser Waffe nicht verboten ist. Es erfordert zwar keine gesonderte amtliche Genehmigung, dennoch müssen für den Umgang mit dem Tonfa einige Voraussetzungen beachtet werden. Zunächst muss die grundsätzliche Eignung zum Umgang mit Waffen gegeben sein. Darüber hinaus darf der Umgang mit erlaubnisfreien Waffen behördlich nicht untersagt worden sein.

Bei Beachtung dieser Voraussetzungen ist das Führen in der Öffentlichkeit gestattet, wenn das Führen dieser Waffe nicht bei öffentlichen Versammlungen (z.B. Demonstrationen, u.a.), und auf dem Wege dorthin, sowie nicht bei öffentlichen Veranstaltungen (z.B. Volks-, Straßenfeste, Sportveranstaltungen, Messen, Jahrmärkte, u.a.) erfolgt.

THEORIE

15.3 Historie und Hintergründe

Thematisch wurde ja schon auf die traditionellen Waffenkünste des KOBUJITSU im feudalen Japan eingegangen. Auch wurde inhaltlich das „TAISHIN RYU KOBUJITSU" und seine Wurzel dargestellt. Im Bereich „Historie und Hintergründe" soll noch mal kurz zum Abschluss u.a. das Buchthema „Kriegskunst des feudalen Japans" geschichtlich und noch etwas informativer beleuchtet werden.

NIHON BUJITSU (日本武術) ist die Bezeichnung für „Japanische Kriegskunst" und umfasst den gesamten Umfang der kriegerischen Methoden Japans. Es ist eine Weiterentwicklung der vorausgegangenen Bezeichnung „BUGEI". Dies war der Begriff für die anfängliche Kriegskunst in der HEIAN-Zeit, der Entstehungszeit der professionellen Kriegerkaste (SAMURAI, BUSHI). Im Mittelalter des 14.-15. Jahrhunderts fand eine Spezifizierung des BUGEI statt. In diesem Zusammenhang erfolgte eine Klassifizierung hinsichtlich der tatsächlichen Kriegskünste des BUGEI und derjenigen Systeme, die nicht vornehmlich zu den militärischen Schulungen einzuteilen waren. Dies bezog sich nicht auf die verschiedenen Stile und Schulrichtungen (RYU), sondern auf das besagte „Kunstsystem" (JITSU) selbst.

Unter den Begriff „BUGEI JUHAPPAN" wurde der Grundstein für die technische Seite der Kriegskünste gelegt, in dem die bekanntesten und besten SAMURAI bzw. BUSHI ihre Kampf- und Schlachtfelderfahrungen in neue Kampfsysteme und Stile einbrachten.

BUGEI JUHAPPAN (18 Methoden der Kriegskünste) war ebenfalls der Name für den „Gesamtkatalog" der Kriegskünste. Dabei ist die Zahl „18" nur symbolisch und mit Bezügen zu ideologischen und mythologischen Wurzeln (Anm.: aus der chinesischen Philosophie im Zusammenhang mit der „Komplexität und Vollständigkeit in der Natur") anzusehen und entsprach damit nicht der Realität. Der „Gesamtkatalog" mit den Kriegskunstinhalten war tatsächlich größer und veränderte sich von Zeit zu Zeit. Er passte sich den jeweiligen episodischen und periodischen Gegebenheiten und damit den bevorzugten Maximen einer bestimmten Zeit an.

Wie bereits dargestellt, ist NIHON BUJITSU ein Allgemeinbegriff sowohl für die Kampfsysteme dieser Kriegerkaste, als auch des Volkes und der Bauern sowie ebenfalls für die Kriegskünste und Systeme des historischen japanischen „Geheimdienstes" (NINJA), die alle zusammen sowohl bewaffnete als auch unbewaffnete Elemente der Kriegskunst enthielten. Der Begriff „KOBUJITSU" wird, wie bekannt, unterschiedlich definiert.

Die „japanischen Kriegskünste" hatten eine lange Tradition. Kennzeichnend ist es, dass waffenlose Kampftechniken sich immer gleichlaufend mit den jeweiligen Waffenkampftechniken entwickelten. Eine Unterteilung erfolgte lediglich noch mal nach den jeweiligen technischen Charakteristiken in andersgeartete Techniken und „Kunstsysteme" (JITSU), die sich wiederum aus verschiedenen RYU zusammensetzten.

Die Gesamtausbildung der Militär-/Kriegerkaste bezog kontinuierlich die Waffen- (BUKI-HO - Waffen- Methode) als auch die waffenlose Beschulung (KARA-HO - waffenlose Methode) mit ein und erfolgte je nach Herrendienst zu einem fürstlichen Klan (UJI) autark oder subaltern von den entsprechend eingesetzten SENSEI.

THEORIE

Die Ergründung neuer „Kriegskünste", durch neue Waffen, Taktiken und Techniken war ein kontinuierlicher Prozess, der den jeweiligen „Kriegerkasten" auf dem Schlachtfeld Vorteile erbringen und insgesamt deren Überleben sichern sollte. Die Waffenkunst und insbesondere die Schwertkunst des BUKI-HO gehörte zum überwiegend alltäglichen Trainingsprogramm der SAMURAI bzw. BUSHI und wurde darüber hinaus als eigenständige Waffenart (KENJITSU, IAIJITSU, BATTOJITSU u.a.) reglementiert. Interne, aber insbesondere externe Einflüsse, durch internationale Handels- und Kulturaustauschsbeziehungen, sowie durch territoriale Veränderungen (beispielsweise durch Kriegshandlungen), brachten weitere neue „Kriegskünste" hervor.

Es wurde großen Wert auf eine ansprechende „Kultur des Kriegshandwerkes" gelegt. Daraus resultierend, ließen die DAIMYO (Fürsten, Lehnsherren) ihre SAMURAI bzw. BUSHI in diesen nach außen hin abgeschotteten RYU (spezielle Inhalte und Praktiken) von ausgesuchten und erstklassigen Lehrkräften (SENSEI) beschulen. RYU charakterisierte ein Hauptsystem, RYU-HA ein Zweigsystem. RYU wurden innerhalb der jeweiligen „Klan-Familien" vorwiegend nach dem „Konsanguinität-Prinzip" (SEI), also der „Familienangehörigkeit", weiter gegeben. Beim „Konsanguinität-Prinzip" des SEI gab es ein Klanoberhaupt, den SOKE, der, auch wenn er nicht mehr selber unterwies, Oberhaupt des jeweiligen Stiles war. Als „persönliches Eigentum" des DAIMYO als Klan-Fürsten wurden die SAMURAI bzw. BUSHI von Generation zu Generation weiter vererbt.

In den anfänglichen japanischen Metropolen, erfahrungsgemäß speziell in independenten DOJO´s ohne Abhängigkeiten zu einem DAIMYO, war eine weitere Übertragungsform der RYU-Kampfkunstlehre möglich. Diese wurde allgemein als DAI bezeichnet und beinhaltete die Wissensweitergabe vom Lehrmeister (SENSEI) zum bzw. auf den besten/höchsten Schüler-Grad (SEMPAI). Damit gewährleistete man ebenfalls eine epochenübergreifende Sicherung der „Kriegskunst".

Neben dem „Kriegshandwerk", den kunstfertigen und technischen Fähigkeiten im Umgang mit den entsprechenden Waffen wie dem Schwert (KENJITSU), Speer (SOJITSU), Bogen (KYUJITSU), sowie mit anderen geforderten Fähigkeiten wie dem Reiten (BAJITSU), Schwimmen (SUIJITSU) und der Strategie (SENJITSU), geziemte es sich für die SAMURAI bzw. BUSHI, auch dem Studium anderer „Künste" (wie der Wissenschaft, Ideologie, Religion, Kultur sowie KALIGRAPHIE und dem IKEBANA) sowie strategischer Schriften zu widmen (BUM BU RYO DO 文武両道: jap. sinngemäß: *Schrifttum & Kampf-/Kriegskunst zwei bzw. beide Wege*).

Das Schrifttum bildete die theoretische Grundlage für die „Kriegskunst" und das taktische Handeln der „Kriegerkaste", Dieses Wissen konnte dann in persönlichen Duellen als auch im Krieg auf dem Schlachtfeld angewendet werden. Ferner erfolgte noch eine verhaltens- und werteorientierte Ausbildung des BUSHI im Sinne des BUSHIDO (武士道 jap.: „Weg des Kriegers") als Ehrenkodex. Dieser „Kodex" beinhaltete die ehrenhaften Verhaltensgrundsätze sowie die damit verbundene Werteorientierung und Daseinsideologie der feudalen, japanischen Militärkaste und war in hohem Maße anerkannt. Dies maßgeblich u.a., weil eine epochenübergreifende Zugehörigkeit dieser „Kaste" zu den hochgradigsten

 THEORIE

japanischen Gesellschaftsständen existierte. Vergleichbar ist dies mit den Ritualen, Tugenden und der Ordnung sowie den „Ständen" des mittelalterlichen Rittertums.

Die Hauptinhalte und -forderungen können wesentlich in fünf Gebiete disponiert werden, die da wären:
- a) Treue, Loyalität
- b) Ehrgefühl, Wahrheitsliebe, Aufrichtigkeit und Gerechtigkeit
- c) Höflichkeit, Ehrerbietung, Liebe
- d) Tapferkeit, Mut, Härte, Kaltblütigkeit, Geduld, Ausdauer und Fleiß
- e) Einfachheit, Bescheidenheit, äußere und innere Reinheit

Hauptpunkte sind die uneingeschränkte Treuepflicht und Ergebenheit des SAMURAI, bzw. BUSHI, zu seinem DAIMYO. Dies beinhaltete insbesondere die Bereitschaft, für diesen auf dem Schlachtfeld sein Leben zu lassen. Im Extremfall, bei insgesamt als unehrenhaft empfunden Verstößen gegen den Ehrenkodex des BUSHIDO, beinhaltete dies auch die rituelle Selbsttötung (SEPPUKU 切腹).

Es entwickelte sich ein gewissenhafter „Verhaltens- und Wertekodex", der u.a. die sieben Tugenden eines SAMURAI, bzw. BUSHI, beinhaltete, die auch in der Privatsphäre anzuwenden waren.

1. GI (義): Aufrichtig- und Gerechtigkeit
2. YU (勇): Tapfer- und Furchtlosigkeit
3. JIN (仁): Erbarmen und Gütigkeit
4. REI (礼): Anstand und Wohlerzogenheit
5. MAKOTO (誠) oder SHIN (真): Wahrheit und Ehrlichkeit
6. MEIYO (名誉): Würde und Ehrbarkeit
7. CHUGI (忠義) oder CHU (忠): Treuepflicht und Ergebenheit

Diese Tugenden sowie Hauptinhalte und -forderungen wurden im BUSHIDO nie schriftlich offiziell oder im Rahmen einer öffentlichen Erklärung festgehalten. Vielmehr resultierten die Inhalte aus den Gepflogenheiten der japanischen Kultur, die Epochen übergreifend gesellschaftlich, religiös und ideologisch sowie durch die jeweilige temporär episodische Lebensanschauung beeinflusst und bestimmt wurden.

Die Leitgedanken und -aussagen des BUSHIDO beeinflussten auch die Kriegs- und Kampfkünste. Insbesondere durch die religiös ideologische Ausrichtung zum ZEN - Buddhismus.

THEORIE   TAISHIN RYU KOBUJITSU 体心流古武術

Informationen zum Autoren
HANSHI Thomas "Tom" Klein

Persönliche Daten:
- ∞ 04.10.1963 in Siegen geboren
- ∞ 52511 Geilenkirchen, Honsdorf 8
- ∞ verheiratet, 1 Kind (Tochter)

Berufliche Daten:
- ∞ Polizeibeamter des Landes Nordrhein-Westfalen (NRW)
- ∞ Trainer für Eingriffs- und Zugriffstechniken der Polizei NRW sowie für spezielle operative Einheiten
- ∞ Langjähriges Mitglied der Landeskarategruppe der Polizei NRW im Rahmen der Öffentlichkeitsarbeit der Polizei NRW (BUDO-Demo-Team)

Akademische Grade:
- ∞ Dipl. Verwaltungswirt (FH)
- ∞ Verhaltens- & Politikwissenschaftler/AO-Psychologe B.A.

BUDO-Daten:
- ∞ Über 40-jährige BUDO-Tätigkeit / -Erfahrung in verschiedenen Budo-Disziplinen und –Verbänden sowie bei der Polizei in Nordrhein-Westfalen; höchste BUDO-Graduierung: 9. Dan, HANSHI
- ∞ Langjährige Trainertätigkeit sowie Lehrtätigkeit bei Lehrgängen/Seminaren/Workshops/Projekten

- ∞ **Verbände:**
  - IBDF - International Budo DO Federation e.V. (Präsident: Karl Wagner, 10. Dan, Kaiserslautern; Vize-Präsident: Frank Steinbüchel, 10. Dan, Andy Mc Gill, 10. Dan, England, Stil-Präsident Karl-Heinz Köster, 10. Dan, Nürnberg; Soke: Prof. Yamaue, 10. Dan, Japan)
  - DDK - Deutsches Dan Kollegium E.V. / Tai-Jiu-Jitsu (Soke: Heinrich Böhmer, 10.Dan, Zülpich)
  - Goshin Jitsu Verband E.V. (Soke: Heinrich Savelsberg, 10. Dan, Köln)
  - WTU – World TaekwonDo Union
  - WAKO – World All-Style Kick-Boxing Organisation
- ∞ **Funktionen:**
  - Bundestrainer und Stil-Präsident für verschiedene BUDO-Stile sowie für das OCS ~ Verteidigungsschießen
  - Internationaler Präsident der UBIG (Union of Budo Instructor & Grandmaster) in der IBDF
  - Präsident der I-F-B-U~*Kokusai Taishin Budokwai Renmei* (INTERNATIONAL FEDERATION OF BODY-SPIRIT-BUDO-UNION = Internationale Föderation der Körper-Geist-Budo-Vereinigung) in der IBDF mit den Bereichen:
    - *Taishin Goshinkwai Renmei* (Föderation der Körper-Geist-Selbstverteidigungsstile)
    - *Taishin Kobukwai Renmei* (Föderation der Körper-Geist-Alte Kriegskunst-Vereinigung)
    - *Taishin Kenkoukwai Renmei* (Föderation der Körper-Geist-Gesundheitsvereinigung)
  - Internationaler und Bundesbeauftragter für Polizeisport in der IBDF Deutschland e.V.
  - Projekt- und Kursleiter von Kinder- und Frauenselbstbehauptungsseminaren
  - Chief-Instructor für BUDO-Fitness (Taibo/Tai Fitboxing) und Wellness (Aishintai-Yoga/ Taishinkiken) sowie für Combat-Systeme (OCS ~ Operative Combat System/ ~Verteidigungsschießen)
  - Prüferlizenz der IBDF Deutschland E.V. (WELT / MA - Europa / Goshinkai Nr. 10)
  - Landeskampfrichterlizenz des DJJV – Deutscher Ju-Jutsu Verband E.V.
  - Sportübungsleiterlizenz des LSB NRW (Landessportbund) / DOSB (Deutscher Olympischer Sportbund)
- ∞ **Dan-Graduierungen:**
  - 9. Dan Goshinkwai Taijitsu, HANSHI
  - 8. Dan Taishin Ryu Kobujitsu, Kobukwai Jiujitsu und 8. Dan/Grad OCS-Operative Combat System (Senior-Grandmaster-Instructor-Level)
  - sowie andere höhere Graduierungen in verschiedenen Budo-Stilen und -Systemen wie Goshin Jitsu, Jiu-Jitsu, Nihon Tai Jitsu, Tai Jutsu, Kempo, Hapkido, Aikijitsu, Taekwon Do, Kick-Boxing u. a.

Anhang

Bildverzeichnis

Bilderreihe	"IAIJITSU des „TAISHIN RYU KOBUJITSU"	Seite	19
Bilderreihe	"SHURI-KENJITSU ~ Kunstfertigkeit im Umgang mit dem Wurfbolzen"	Seite	22
Bilderreihe	"UKEMI ~ Fallschule"	Seite	36
Bilderreihe	"JIGOTAI DACHI und BUKI KAMAE ~ Verteidigungsstellung und Waffenhaltung"	Seite	39
Bilderreihe	"SUBURI KEIKO ~ Grundübungen"	Seite	41
Bilderreihe	"IAI JITSU ~ Waffenzieh- und Wegstecktechniken"	Seite	44
Bilderreihe	"SABAKI ~ Bewegungsschule"	Seite	46
Bilderreihe	"BUKINOBU SEME WAZA ~ bewaffnete Angriffstechniken"	Seite	52
Bilderreihe	"TOSHUNOBU SEME WAZA ~ unbewaffnete Angriffstechniken"	Seite	54
Bilderreihe	"BUKINOBU UKE WAZA ~ bewaffnete Abwehrtechniken"	Seite	60
Bilderreihe	"TOSHUNOBU UKE WAZA ~ unbewaffnete Abwehrtechniken"	Seite	64
Bilderreihe	"BUKI-/TOSHUNOBU NAGE WAZA ~ be-/unbewaffnete Wurftechniken"	Seite	74
Bilderreihe	"BUKI-/TOSHUNOBU KANSETSU WAZA ~ be-/unbewaffnete Hebeltechniken"	Seite	85
Bilderreihe	"BUKI-/TOSHUNOBU JIME WAZA ~ be-/unbewaffnete Würgetechniken"	Seite	94
Bilderreihe	"BUKI-/TOSHUNOBU NE WAZA ~ be-/unbewaffnete Bodentechniken"	Seite	105
Bilderreihe	"BUKI-/TOSHUNOBU NE WAZA ~ be-/unbewaffnete harmonische Energietechnik	Seite	114
Bilderreihe	"BUKI-/TOSHUNOBU NE WAZA ~ be-/unbewaffnete Halte- & Kontrolltechniken"	Seite	125
Bilderreihe	"BUKI-/TOSHUNOBU NE WAZA ~ be-/unbewaffnete Halte-/Grifflösetechniken"	Seite	135
Bilderreihe	"KIHON KATA „TANTO-/TONFA- und YAWARBOJITSU"	Seite	148
Bilderreihe	"KYU KOBU KATA „KEN-/HANBO- und TANBOJITSU"	Seite	154

Grafikverzeichnis

Grafik	"NUKITSUKE ~ offensives Ziehen"	Seite	19
Grafik	"BOKKEN aus Rot- und Weißeiche"	Seite	20
Grafik	"KATANA"	Seite	20
Grafik	"BO-SHURIKEN ~ Wurfbolzen"	Seite	21
Grafik	"SHURI-KENJITSU ~ Kunstfertigkeit im Umgang mit dem Wurfbolzen"	Seite	21
Grafik	"TANTO ~ verschiedene"	Seite	22
Grafik	"HANBO ~ Handhaltung"	Seite	24
Grafik	"NI TANBO ~ Doppelstockpaar"	Seite	25
Grafik	"TONFA"	Seite	26
Grafik	"YAWARABO ~ Nervenstockarten"	Seite	27
Grafik	"HOJOJITSU ~ Fesslungskunst"	Seite	29
Grafik	"DOJOKUN ~ Leitsätze"	Seite	32
Grafik	"JODAN - CHUDAN - GEDAN ~ Körperstufen"	Seite	51
Grafik	"ATEMI-Punkte JODAN - CHUDAN - GEDAN ~ Angriffsziele der Körperstufen"	Seite	54
Grafik	"KUMI ... ~ Tabellen zum festgelegten Waffenzweikampf"	Seite	165
Grafik	"JIU KUMTE ... ~ Schutzausrüstung für den freien Waffenkampf"	Seite	175
Grafik	" JIU KUMTE ... ~ „Safety"-Übungswaffen für den freien Waffenkampf"	Seite	176
Grafik	"ATEMI-TE/KYUSHO ~ Körperangriffsziele mit Wirkung"	Seite	178